끝내 우리를 돌아오게 할, 그 사랑을 전하며

내겐 사랑만 남았다

저자 송태근

1판 1쇄 발행 2011. 3. 28. | **1판 4쇄 발행** 2017. 2. 27. | **발행처** 포이에마 | **발행인** 김강유 | **등록번호** 제300-2006-190호 | **등록일자** 2006. 10. 16. | 서울특별시 종로구 가회동 17 우편번호 03052 | 마케팅부 02)3668-3260, 편집부 02)730-8648, 팩시밀리 02)745-4827

값은 뒤표지에 있습니다. ISBN 978-89-93474-53-4 03230 | **독자의견 전화** 02)730-8648 | **이메일** masterpiece@poiema.co.kr | 좋은 독자가 좋은 책을 만듭니다. | 포이에마는 독자 여러분의 의견에 항상 귀를 기울이고 있습니다.

온전한 삶 시리즈
사랑의 본질
02

가혹한
고통의 순간에도
변치 않는
그분의 고백

내겐 사랑만 남았다

Love

송태근 지음

포이에마
POIEMA

구원의 최종 목적은
그분을 영원히 사랑하는 것이다.

차례

들어가는 말

아 파 도 참 아 야 사 랑 이 다

예수를 너희가 보지 못하였으나 사랑하는도다(벧전 1:8).

'아가페'와 '에로스.' 이 둘은 재미있게도 똑같이 '사랑'으로 번역됩니다. 하지만 그 뜻은 크게 다릅니다. 스웨덴의 저명한 조직신학자 앤더스 니그렌Anders Nygren은 《아가페와 에로스*Agape and Eros*》에서 이 둘이 각각 기독교의 사랑과 헬레니즘적 사랑을 대변하는 말이라고 단언했습니다. 또한 아가페는 열띠게 추구해야 할 종교적·윤리적 이상이 아니라고 못 박았습니다. 아가페는 일차적으로 하나님 자신의 사랑입니다. 이 사랑은 인자의 삶에 잘 나타나 있습니다. 인자, 곧 '사람의 아들'은 잃어버린 자들을 찾아 구원하기 위해 오셨고 자기 목숨을 십자가의 죽음으로 내어주셨습니다. 그래서 니그렌은 "아가페는 자기를 내어주는 신적 사랑의 하향 운동"이라고 선언했습니다.

그러나 에로스는 신적인 것, 즉 고상하고 가치 있는 것을 찾으려는 인간 영혼의 상향 운동입니다. 플라톤이 말한 '하늘의 에로스Heavenly Eros'는 흔히 우리가 알고 있는 육체적 사랑과는 아주 다른 개념입니다. 에로스는 변덕스러운 감각에서 벗어나 영원하고 진실한 것에서 영적 욕구를 만족시키려는 인간 영혼의 몸짓인 것이지요. 이런 의미에서 플라톤의 에로스는 아무리 '하늘의'라는 수식어를 붙였다 해도 고상한 것을 추구하는 심정의 만족일 뿐이라고 단언할 수 있습니다. 그러나 아가페는 인간 심정에 부어진 하나님 자신의 사랑, 다시 말해 성령의 임재라는 면에서 에로스와는 전혀 다른 것입니다. 다른 말로, 아가페는 하나님의 은혜가 우리에게 부어지고, 그 은혜로 말미암아 사람이 온전함에 이르도록 변화하는 데 필요한 것입니다.

니그렌은 기독교 역사가 아가페와 에로스, 즉 기독교 전통과 그리스 전통의 상호작용으로 점철되어 있다고 파악합니다. 그리고 이 둘이 너무도 쉽고 또 너무나도 치명적으로 교묘히 섞여 있어, 정밀한 분리가 필요하다고도 역설합니다. 그 말에 동의하는 뜻에서 저는 이 책을 출간하게 되었습니다. 사랑은 문제투성이일지도 모릅니다. 사랑이 없어서도 문제이지만 과장되고 과잉된 사랑도 문제입니다. 한마디로 사랑을 본질로 삼고 계시다는 하나님(요일 4:7)에 관한 우리의 인식과 경험의 부족이 문제인 것입니다.

C. S. 루이스가 《네 가지 사랑*The Four Loves*》에서 말한 것처럼 세상은 그저 애호나 우정, 그리고 성애를 사랑의 원형인 양 떠받듭니다. 심지어 어떤 경우에는 상업적으로 이용하여 그것을 권장하고 생산하며 유통하고 있습니다. 인간적이라는 것은, 성경적 의미로는 '결함으로 얼룩져 있다,' '한계가 있다', '종국에는 환멸을 불러일으킬 뿐이다'라는 뜻을 가지고 있습니다. 더 말해 무엇하겠습니까? 루이스는 '하나님은 사랑이시다'를 '사랑이 하나님이다'로 바꾸는 것을 '교활한 짓'이라고 표현했습니다. 우리는 지금 간교한 속임수의 시대를 살며, 진정한 사랑을 찾아 헉헉거리고 있는 중입니다.

구약에도 이미 이런 사랑, 즉 아가페가 나타납니다. 우리는 구약의 하나님을 율법이 준행되지 않았을 때 인정사정없이 진노부터 발하는 징벌의 신으로 생각합니다. 또 신약의 하나님을 이래도 오냐, 저래도 오냐 하며 안락의자에 깊

숙이 몸을 기대고 앉아 졸고 있는, 선량하지만 무기력한 신으로 생각합니다. 이런 이분법은 신학의 부족과 부재가 만들어낸 오해일 뿐입니다.

구약의 하나님 여호와는 신약에서 예수 그리스도 안에 계시된 격정적으로 사랑하는 하나님이십니다. 구약이나 신약이나 하나님은 정말 많은 대가를 치르고 사랑하십니다. 그리고 그 사랑은 배타적입니다. 부부관계, 아니 우정과 동지애 등 모든 반듯한 형태의 사랑에서 확인할 수 있듯이 사랑은 이 배타성과 언약성이 깨졌을 때 무서운 복수로 돌변하기도 하고 목놓아 부르짖는 격동도 마다 않습니다. 필자가 읽은 책 중에는 변심한 첫사랑에 대한 복수로 사창가로 들어간 여인의 섬뜩한 이야기도 있었습니다.

백성을 가슴 아프게 사랑한 연인 여호와가, 자기 사랑을 짓밟고 떠난 이스라엘을 향해서 한탄, 원망, 경고, 협박, 진노, 앙갚음의 맹세를 하시는 책이 바로 호세아서입니다. 하지만 이렇게 가슴을 치던 여호와 하나님은 자신의 가슴에서 끓어오르는 사랑 때문에 한 번 더 참고, 한 번 더 누르십니다. 이스라엘이 조금이라도 변해서가 아니었습니다. 백성이 하나님의 얼굴에 침을 뱉었다고 하나님이 똑같이 갚지 않으시는 것, 이것이 바로 '하나님의 의'인 것입니다. 사람이 죄 짓는다고 하나님이 무조건 벌하시지 않습니다. 그것이 하나님다운 일이기 때문입니다. 이것이 바울로 하여금 "복음에는 하나님의 의가 나타나 있다. 그래서 의인은 믿음으로 살아갈 것이다" 하고 목소리 높이게 한 원천적인 의입니다.

고린도 교회엔 예언, 방언 그리고 지식의 과잉 때문에 논란과 분쟁이 있었습니다. 이 교회를 향해 바울은 "예언, 방언 그리고 지식은 한시적이고 한계가 있지만, 믿음, 소망 그리고 사랑은 언제나 있을 것인데, 그 중에서도 사랑이 제일이다"라고 과감히 선언하였습니다. 하나님의 구원하심을 믿는 것과 최후 승리를 소망하는 것은, 예수님이 다시 오셔서 구원이 완성되면 더 이상 필요 없게 됩니다. 그러나 하나님의 본질로서의 사랑은 그 이후로도 영원히 필요합니다. 그분을 영원히 사랑함이 구원의 최종 목적이기 때문입니다. 은사는 많았으나 기독교 신앙의 본질인 '사랑'을 잃어버릴 위기에 있었던 고린도 교회, 그리고 동일한 위기에 처한 한국 교회의 성도들의 눈을 뜨게 하는 일에 이 책이 작은 도움이 되길 바랍니다.

《믿음은 그런 것이다》에 보여준 독자들의 격려, 질책 그리고 동감에 몸둘 바 몰라 하면서도, 부끄러움도 모르고 두 번째 책자를 내놓습니다. 첫 권에서와 마찬가지로 김성웅 목사가 필자의 10여 년 전의 설교들을 꺼내는 수고를 하였습니다. '사랑'이라는 주제가 가장 잘 부각되게 하기 위해 축약적인 편집을 시도하였는데, 어디까지나 최종적인 책임은 저자 자신에게 있음을 명시해둡니다. 포이에마 편집부의 섬김에도 감사드립니다.

2011년 봄

송태근

01

백성을 향한 하나님의 마음

사랑의 근거: 음란을 제거하는 아픔

호 1:1-2:9

그러므로 내가 가시로 그 길을 막으며 담을 쌓아 그로 그 길을 찾지 못하게 하리니 그가 그 사랑하는 자를 따라갈지라도 미치지 못하며 그들을 찾을지라도 만나지 못할 것이라. 그제야 그가 이르기를 내가 본 남편에게로 돌아가리니 그 때의 내 형편이 지금보다 나았음이라 하리라.

하나님은
가끔씩 우리에게
곤궁한 세월을 주고
어려운 일들을 던져서
가는 길을 힘들게 만들고
주저앉게 하실 때가
있습니다.

웃시야와 요담과 아하스와 히스기야가 이어 유다 왕이 된 시대 곧 요아스의 아들 여로보암이 이스라엘 왕이 된 시대에 브에리의 아들 호세아에게 임한 여호와의 말씀이라(호 1:1).

이스라엘의 3대 왕인 솔로몬 이후에 나라가 갈라집니다. 국가가 분열된 후에는 항상 정통성의 문제가 부각됩니다. 성경에 기록된 순서로 볼 때, 호세아가 남쪽 왕을 먼저 기술했기 때문에 호세아를 남 유다에 속한 선지자일 것이라 생각할 수도 있겠지만, 호세아 선지자는 북쪽 사람입니다. 북 이스라엘에 속한 선지자로서 이스라엘의 왕인 여로보암이 아니라, 네 명이나 되는 남 유다 왕들의 이름을 먼저 기록한 것입니다. 그 후에 북쪽 왕의 이름을 기록했습니다. 북 이스라엘에 속한 선지자이면서 왜 남쪽의 유다 왕들의 이름을 먼저 열거했을까요?

이 순서에는 호세아 선지자의 중요한 신학적 사상이 담겨 있습니다. 몸은 북 이스라엘에 머물고 있지만 정신적, 신앙적 소망은 남쪽 유다에 두고 있다는 말이기 때문입니다. 호세아의 사상은 이스라엘의 예언자적 전통과 관련이 있습니다. 메시아가 유다 지파를 통해 오실 것, 특히 다윗의 가계를 통해서 메시아가 나실 것이라는 선지자들의 일관된 예언과 연관 있는 것입니다. 이렇게 볼 때 1절은 호세아 선지자의 신학 사상을 가늠하게 하는 이정표와도 같습니다.

사실 당시에 호세아가 속한 북 이스라엘의 왕은 여로보암 2세입니다. 역사적으로 볼 때 대체적으로 남쪽은 평안했습니다. 가끔씩 돌발적인 변수가 있어서 정권이 바뀌고 나라가 어려웠던 적은 있었지만, 대체로 평안히 국체가 유지된 편입니다. 그러나 북쪽 이스라엘은 조카를 죽이고 아버지를 반역하는 등 혁명으로 날을 지새웠습니다. 이런 극심한 혼란 가운데 선한 왕이 등장하는데, 그가 바로 여로보암 2세입니다. 여로보암은 북 이스라엘의 역사에서, 이스라엘의 많은 왕 가운데 백성을 평안하고 안정되게 살게 해준 보기 드문 왕으로 평가를 받습니다. 부국강병의 기준에서 볼 때, 최고의 태평성대를 이룬 왕입니다. 그러나 그 이면에는 백성의 도덕적 타락과 종교의 쇠락이 숨어 있었습니다.

왜 이러한 태평성대 시대에 호세아 선지자와 같은 아픔과 비련의 선지자가 등장하는 것일까요? 여로보암 2세 치하의 부국강병과, 비련과 고통의 선지자는 표면적으로 잘 어울리지 않습니다. 그러나 잘 먹고 잘 사니까 인간이 하나님 없이 자기 인생의 주인 노릇을 하는 현실을 직시하면 수긍이 가기도 합니다. 1절의 앞부분을 다시 보면 "요아스의 아들 여로보암이 이스라엘 왕이 된 시대에 브에리의 아들 호세아에게"라고 나와 있습니다. 외형적 태평 시대

브에리는 성경에서 어떤 어떤 인물이었을까요? 이 사람은 이 땅에 태어나서 이름 석 자만 달랑 남기고 간 사람입니다. 성경의 어느 곳에서도 호세아서 외에는 브에리에 대해서 말하는 곳이 없습니다. 이것은 호세아가 미미하기 그지없는 가정 출신임을 암시하는 문구입니다. 약한 자를 들어서 강한 자를 부끄럽게 하시는 하나님의 하나님 되심을 드러내기 위해서, 호세아는 하나님의 손에 붙들려 역사의 무대에 등장하게 됩니다.

여호와께서 처음 호세아에게 말씀하실 때(2절).

호세아를 도구로 사용하신 하나님

"호세아에게 말씀하신다"는 말의 뜻을 생각해볼 필요가 있습니다. 우선 이 말씀은 호세아에게 말씀하셨다는 말이 아닙니다. 호세아라는 도구를 통해 이스라엘 백성에게 말씀하신다는 뜻입니다. 호세아를 하나님의 나팔로 쓰고 있다는 말입니다. 이제 뒤를 이어서, "여호와께서 호세아에게 이르시되 너는 가서 음란한 여자를 맞이하여 음란한 자식들을 낳으라"고 하십니다.

우리는 드디어 이 책에서 가장 미묘하고 난해한 부분에 이르렀습니다. 호세아는 히브리말로 '구원'이라는 뜻입니다. 구약성경에 구원이라는 뜻의 이름을 가진 사람이 또 있습니다. 여호수아였습니다. '여호수아'와 '호세아'는 발음상의 차이가 있을 뿐, 뜻은 모두 '구원하다'입니다. 호세아가 가서 취해야 할 아내의 이름은 '고멜'입니다. 여기서 격론이 벌어집니다.

창녀를 아내로 맞다

첫째, 하나님이 말씀하신 "음란한 아내"는 매춘을 직업으로 삼은 창녀라는 말입니다. 창녀와의 결혼은 율법이 금하는 중요한 금령 중 하나입니다. 두 번째, 창녀를 아내로 맞아야 하는 사람의 직업이 선지자입니다. 호세아가 고멜을 아내로 맞는다면 그의 선지자 활동에 방해가 되는 정도가 아니라 선지자 직을 수행하기 어렵습니다. 요즘도 가끔 신령하고 양심적인 목회자가 심정과 생활이 불안정한 아내 때문에 목회를 접는 비애를 목격합니다. 그러나 호세아의 경우, 심신이 불안성한 정도가 아니라 몸을 파는 여자를 아내로 맞으라는 것이었습니다. 하나님의 말씀을 증거해야 하는 선지자로서 이것은 치명적인 정도를 넘어서 완전히 죽음을 뜻합니다.

어떤 성경해석자들은 이것이 실제 사건이 아니라 이스라엘 백성에게 교훈을 주기 위한 하나의 예화라고 해석합니다. 실화가 아니라 예화라면 갈등할 필요가 전혀 없습니다. 하나님이 이스라엘 백성을 가르치기 위해서 든 하나의 예화, 혹은 비유라면 별로 문제될 것이 없다는 말입니다.

이에 그가 가서 디블라임의 딸 고멜을 맞이하였더니(3절).

음란한 아내, 고멜

음란한 아내의 이름이 고멜인데, 그녀는 디블라임의 딸이라고 되어 있습니다. 이것이 예화나 비유였다면 누구의 딸이라는 말이 나올 수가 없습니다. 디블라임은 당시 널리 쓰이던 이스라엘 사람의 이름입니다. 여기서 그치지 않고 고멜이 외간남자를 좇아 가출했는데, 3장 2절에는 가출한 그녀를 집으로 데려오는 장면이 나옵니다.

"내가 은 열다섯 개와 보리 한 호멜 반으로 나를 위하여 그를 사고"에서 호멜이라는 도량형이 나옵니다. 이 도량형은 이스라엘 사람들이 일상생활 속에서 사용하던 실제적인 부피 측정 단위입니다. 이 이야기는 사실을 바탕으로 쓰였다는 것입니다.

그래도 머릿속이 답답합니다. '선지자 호세아와 창녀 고멜의 결혼이 사실이라면, 도대체 왜 호세아 선지자와 고멜을 부부로 결합시키셨는가?' 하는 난제를 잠시 접어두고, 이 곤혹스러운 결혼을 통해서 잉태한 세 자녀를 먼저 살펴보겠습니다. 우선 고멜이라는 이름의 뜻은 '종말', '종지', '결말'입니다. 영화가 끝나면 맨 마지막 장면에 'The End'라고 쓴 자막이 오르는데 바로 그 의미입니다.

여호와께서 호세아에게 이르시되 그의 이름을 이스르엘이라 하라. 조금 후에 내가 이스르엘의 피를 예후의 집에 갚으며 이스라엘 족속의 나라를 폐할 것임이니라(4절).

호세아와 고멜의 결합으로 태어날 첫아들의 이름은 이스라엘이 아닌 이스르엘입니다.

이스라엘이라는 이름은 최초에 누구에게 붙여진 이름이었습니까? 창세기 32장에 보면 완악하고 완고한 야곱이 하나님 앞에 항복하지 않고 얍복 강가에서 밤이 새도록 천사와 씨름합니다. 야곱이 항복하지 않으니까 하나님이 야곱의 허벅지 관절을 치십니다. 그것으로 인해 야곱은 다리를 절게 됩니다. 날이 밝아 천사가 가려고 하자 야곱이 붙잡고 늘어집니다. "당신이 내게 축복하지 아니하면 가게 하지 아니하겠나이다" 하면서 영적인 복을 사모합니다. 야곱은 하나님의 약속을 인간의 방법으로 이루려 한 사람입니다. 그러나 '축복하지 않으면 못 갑니다'라는 태도, 즉 인생의 최고 가치를 하나님과 그분이 주시는 복에 두는 태도는 믿는 우리가 본받아야 할 것입니다.

인생의
최고 가치

하나님이 묻습니다. '네 이름이 무엇이냐?' 야곱이 자기 이름을 말하는데, 야곱이라는 이름의 의미는 '다투고 속이는 자'라는 뜻입니다. 야곱이 자기 이름을 순순히 말하는 것은 항복의 뜻입니다. 하나님이 야곱의 이름을 몰라서 물으셨을까요? 하나님은 이렇게 야곱의 회개와 고백을 받으십니다. 그리고 이어서 "다시는 야곱이라 부를 것이 아니요 이스라엘이라 부를 것이니"라고 그 이름을 바꾸십니다. 이스라엘은 번역하면 '하나님과 및 사람들과 겨루어 이겼음'이라는 뜻입니다. 그러나 야곱이 하나님을 꺾었다는 뜻이 아니라, 실은 하나님께 이미 허벅지 관절이 꺾이는 참패를 당하고서도 멀쩡히 목숨이 부지되고, 또한 여전히 하나님의 환대와 애정의 대상이 되고 있으니 이긴 것이나 다름없지 않느냐는 뜻인 것입니다. 야곱의 '이김'에는 상당히 깊은 역설과 역치易置가 배어 있습니다.

이스르엘의 의미

이스르엘이라는 이름도 일종의 언어유희입니다. 이 이름에는 두 가지 이중적인 의미가 있습니다. 원래 이 이름의 의미는 '하나님이 씨를 뿌리다'라는 의미입니다. 그러나 여기서는 그 뜻보다는 또 다른 의미로, 이스르엘 장소의 과거와 미래 사건과 관련이 있습니다.

이스라엘 사람들은 가나안 땅에 들어가 살면서 농사를 짓고 살았습니다. 그런데 젖과 꿀이 흐른다는 가나안 땅은 농사짓기에 그리 썩 좋은 땅이 아니었습니다. 비가 잘 내리지 않는 땅에 살던 가나안 사람들에게 절대적인 신앙의 대상은 비를 관장하는 '바알' 신이었습니다. 가나안 땅에 들어가 농사를 짓기 시작한 이스라엘 백성도 점차 애굽에서 구원해내시고 기나긴 광야 기간 동안 인도해주셨던 여호와 하나님을 잊고, 비를 내려주는 '바알' 신을 따르게 되었던 것입니다. 바로 이러한 때에 호세아 선지자가 나타나 바알을 섬기던 이스라엘 백성들의 죄를 고발하고 오직 여호와 하나님만을 따르라고 말하는 것입니다. "곡식과 새 포도주와 기름은 내가 그에게 준 것이요 그들이 바알을 위하여 쓴 은과 금도 내가 그에게 더하여 준 것이거늘 그가 알지 못하도다"(8절).

이스르엘은 이스라엘 중북부에 위치한 가장 비옥한 평야지대로서, 그 땅이 비옥한 이유는 하나님이 씨를 뿌렸기 때문이라고 여긴 것입니다. 그러나 호세아는 아무리 비옥한 '이스르엘' 땅이라 해도 그 땅에서 풍성한 농작물을 얻게 되는 것은 하나님은 하늘에, 하늘은 땅에, 땅은 '이스르엘'에 곡식이 나도록 응답해야 한다는 것입니다. 즉 모든 풍성한 소산물에는 하나님의 허락이 있어야 한다는 것입니다. "여호와께서 이르시되 그 날에 내가 응답하리라. 나는 하늘에 응답하고 하늘은 땅에 응답하고 땅은 곡식과 포도주와 기름에 응답하고 또 이것들은 이스르엘에 응답하리라" (21-22절).

더욱이 호세아는 이 '이스르엘' 땅에 있었던 피비린내 나는 살육의 처참한 역사를 상기해내고 있습니다. 이스르엘은 과거 예후가 아합의 집을 대량 학살한 지점으로서 바알 제사장을 죽인 것은 하나님의 뜻과 일치했으나, 다윗 집에 대한 예후의 공격은 그 도를 넘어섰습니다. 하나님은 호세아에게 예후 왕조의 몰락이 북 왕국의 몰락을 수반한다고 말씀하셨습니다. 예후는 바알 숭배자들을 모조리 살육하고 바알종교를 척결하려 했던 인물입니다. 그런데 바알을 없앤 예후이지만 호세아는 그가 이스르엘 땅에서 흘린 피 흘림의 죄를 고발하고 있습니다. 풍요로운 이스르엘 땅을 위해서는 모든 살육의 전쟁을 종식하고 죽임의 무기인 활과 칼을 꺾는 것이어야 한다고 말하는 것입니다. 이 백성을 이대로 두면 안 되겠다는 하나님의 절박한 심정과 더불어서, 이 백성을 향한 하나님의 큰 자비의 마음이 '이스르엘'이라는 이름에 복합적으로 나타납니다.

제 딸이 어렸을 적에 "아빠, 오늘 공부하기 싫어요." "아빠, 숙제가 많은데요" 하고 응석부릴 때가 있었습니다. 아비인 제가 "그래? 그러면 하지 마. 아빠가 다 해줄게"라고 말하면, 이것이 자식을 사랑해서 키우는 아빠의 옳은 모습일까요? 아닐 것입니다. 오히려 잘 설득해서 숙제를 하도록 해야 합니다. 자식을 사랑한다면 다소 부담이 되더라도 자신에게 주어진 책임을 잘 감당하도록 아이들을 키워야 합니다. 성도들을 대할 때도 목사로서 갈등이 많습니다. '이런 이야기하면 성도들에게 부담이 될 텐데, 걱정할 텐데'라는 마음이 드는 것입니다. 그러다가도 또 한쪽에서 치고 올라오는 것이 있습니다. '야! 네가 정말 목사로서 성도들을 자식처럼 사랑한다면 부담이 되더라도 그 이야기를 해야 되지 않겠느냐?'는 마음이 드는 것입니다. 그래서 직언과 직설을 하게 되는 경우가 많습니다.

지금은 흩으시는 하나님이지만, 이 작업을 통해서 심고 계십니다. 이것이 바로 하나님의 사랑과 공의가 입맞춤하는 것입니다. 이 백성이 톱질하듯 켬을 당해야 하는 것은 계약을 파기한 상대에게 당연히 내려야 할 징벌이고 징계입니다. 이것이 하나님의 공의입니다. 십자가는 하나님의 공의가 이루어진 장소입니다. 공의를 만족시키기 위해서 예수 그리스도가 대신 죽으셨습니다. 예수 그리스도가 대신 죽으심으로써 하나님의 공의가 만족되었습니다. 그러나 그 아들의 죽으심이 대신 우리를 살렸습니다. 하나님의 사랑이 거기에 나타나 있기 때문입니다. 그래서 십자가는 하나님의 사랑과 하나님의 공의가 입맞춤하는 장소입니다. 바로 이것이 호세아 선지자가 음란한 아내를 취하여 살며 자식을 낳아야 했던 고통스러운 사랑이었습니다. 내가 좋아서, 내가 끌려서 하는 차원의 사랑이 아닙니다. 고통을 동반하는 십자가의 사랑이 호세아 선지자의 아내 고멜과의 사랑 속에서 드러나는 것입니다.

두 번째 자녀의 이름은 무엇입니까?

> 그 날에 내가 이스르엘 골짜기에서 이스라엘의 활을 꺾으리라 하시니라. 고멜이 또 임신하여 딸을 낳으매 여호와께서 호세아에게 이르시되 그의 이름을 로루하마라 하라. 내가 다시는 이스라엘 족속을 긍휼히 여겨서 용서하지 않을 것임이니라(5-6절).

둘째딸의 이름은 로루하마입니다. 로루하마는 '로'와 '루하마'의 복합어입니다. '루하마'라는 말은 '하나님이 사랑하신다, 하나님이 긍휼히 여기신다'입니다. 그러나 그 앞에 '로'가 붙었는데 '로'는 '아니'라는 부정어로 이해하면 됩니다. 하나님이 긍휼히 여기시고 사랑하신다는 말 앞에 no가 붙었습니다. 더 이상은 긍휼과 사랑으로 대하지 않으신다는 말입니다.

더 이상 사랑하지 않음

세 번째 또 아들을 낳았습니다.

고멜이 로루하마를 젖뗀 후에 또 임신하여 아들을 낳으매 여호와께서 이르시되 그의 이름을 로암미라 하라(8-9절a).

여기도 불길합니다. '로'가 붙어 있습니다. '암미'라는 말은 나의 백성이라는 뜻입니다. 그러나 그 앞에 '로'가 붙어 있어서 '더 이상 내 백성이 아니다'라는 뜻입니다. 왜 그럴까요?

더 이상 내 백성이 아님

여호와께서 이르시되 그의 이름을 로암미라 하라. 너희는 내 백성이 아니요 나는 너희 하나님이 되지 아니할 것임이니라(9절).

이 말은 계약이 파기되었다는 뜻입니다. 무슨 계약을 하셨기에 그럴까요?

> 너희를 내 백성으로 삼고 나는 너희의 하나님이 되리니 나는 애굽 사람의 무거운 짐 밑에서 너희를 빼낸 너희의 하나님 여호와인 줄 너희가 알지라(출 6:7).

예수 그리스도의 예표

홍해를 건넌 이스라엘 백성에게 하나님은 제일 먼저 계약을 제안하십니다. 이 계약은 한쪽이 파기하면 파기한 쪽이 무조건 죽게 되는 계약입니다. 그래서 이 계약을 일방적인 계약이라고 합니다. 다른 계약과는 차원이 다릅니다. 인간끼리의 계약은 쌍무적이나, 하나님의 계약은 일방적입니다. 이 계약은 그 시초가 창세기 15장에서 시작된 것이었습니다. "나는 네 하나님이 되고 너희는 내 백성이 되리라." 이것이 계약의 골자입니다. 그러나 한 쪽, 즉 이스라엘 백성이 그 계약을 파기했습니다. 파기한 쪽은 죽어야 합니다. 그런데 그 죽어야 할 백성을 누가 가서 취합니까? 비련을 상징하는 호세아가 가서 취합니다. 예수 그리스도께서는 죽어 마땅한 죄인들을 찾아오셔서 우리를 위해 대신 죽으셨습니다. 계약을 파기하여 더 이상 구제불능인 우리 인생에 찾아오셔서 우리를 위하여 십자가에서 죽으셨습니다. 바로 호세아는 예수 그리스도의 예표입니다. 그런 아픈 사랑을 가지고 오셔서 우리를 구원하신 구원자 호세아의 사랑, 이것이 예수님의 사랑입니다. 점점 확실해져만 가는 죄에 대한 하나님의 분노가 있습니다. 그러나 그 분노의 밑바닥에는 무엇이 있습니까? 스스로 아파하는 구원자 호세아의 사랑이 있습니다. 우리가 이 같은 사랑에 붙들려 있다는 사실을 아십니까?

그러나 이스라엘 자손의 수가 바닷가의 모래같이 되어서 헤아릴 수도 없고 셀 수도 없을 것이며 전에 그들에게 이르기를 너희는 내 백성이 아니라 한 그 곳에서 그들에게 이르기를 너희는 살아 계신 하나님의 아들들이라 할 것이라. 이에 유다 자손과 이스라엘 자손이 함께 모여 한 우두머리를 세우고 그 땅에서부터 올라오리니 이스르엘의 날이 클 것임이로다(호 1:10-11).

하나님의 진노

1-9절에서는 음행하고 타락하고, 자신을 떠난 이스라엘

을 향해서 하나님의 진노가 나타났습니다. 그러나 언제나 이 점을 기억해야 합니다. 사랑하는 자녀에 관한 한 하나님의 채찍은 파멸과 몰락으로 끝나는 법이 없다는 사실입니다. 하나님은 가끔씩 우리에게 곤궁한 세월을 주고 어려운 일들을 던져서 가는 길을 힘들게 만들고 주저앉게 하실 때가 있습니다. 그러나 내가 정말 하나님의 자녀라면 한 가지 믿는 것이 있어야 합니다. "하나님은 그 가운데에서도 나를 향하여 선하신 분이다." 이 책을 읽고 있는 분들 가운데서도 죽음과 같은 절망 속에서, 정말 기막힌 상황을 끌어안고 가족과 친구에게조차 하소연할 수 없어 괴로워하는 분이 있을 것입니다. 눈물로 기도하며 신음하는 세월을 사는 성도가 있을 것입니다.

'그러나'의 복음

한 가지 분명한 것은, 하나님이 그 백성을 전부 없애버리려 하시는 것 같지만, '그러나'라는 복음을 남겨두신다는 것입니다. 힘들 때, 절망스러울 때 호세아의 말을 기억하십시오. 눈 감고 기도하면서 '그러나…'라고 마음으로 외치십시오. 여기에서 힘이, 약속의 말씀을 통한 소망이 생기는 것입니다. 하나님이 당장은 이 백성을 다 흩어버리지만 장차 회복하시겠다는 뜻입니다. 그러나 저절로 이렇게 되는 것이 아닙니다.

> 너희 어머니와 논쟁하고 논쟁하라. 그는 내 아내가 아니요 나는 그의 남편이 아니라. 그가 그의 얼굴에서 음란을 제하게 하고 그 유방 사이에서 음행을 제하게 하라(호 2:2).

죄악과 맞서다

첫째는 "어머니와 논쟁하고 논쟁하라"고 하십니다. 논쟁이라는 말은 '고발하라'는 뜻입니다. 어미를 어떻게 고발합니까? 이런 배은망덕한 교훈이 어디 있습니까? 그러나 사실 이 말의 진의는 '네 속의 생각을 신랄하게 고발하라. 죄악이 움돋아올 때, 나를 흔들기 시작할 때 그것에 격렬하게 맞서라'는 뜻입니다. 회개하고 구원받았음에도 우리에게 본질상 죄악이 있기 때문에 잡초가 자라납니다. 그러므로 계속 밟고 뽑아줘야 합니다. 다시 말하면 "어머니와 논쟁하고 논쟁하라"는 말은 모든 육신의 생각을 끊임없이 정확하게 고발하라는 것입니다. 양보나 타협하지 말고 신랄하게 고발하라는 것입니다.

두 번째는 이것입니다. "그가 그의 얼굴에서 음란을 제하게 하고." 얼굴은 사람의 마음을 비춰주는 거울이기 때문에 중요합니다. 어디선가 들은 이야기입니다. 여자가 나이 40이 넘으면 곱고 아리땁고 추하고 밉고의 차이가 없다고 합니다. 딱 하나, 곱게 나이 먹은 티, 고생한 티는 난다고 합니다. 그 나이가 되면 살아온 세월이 얼굴에 나타나기 시작한다는 것입니다. 이렇듯 얼굴에는 숨길 수 없는 인생의 정보가 나타납니다. 그래서 얼굴에서 음란을 제하라고 하십니다.

환경을 탓하지 마라

그다음 세 번째 조건이 "그 유방 사이에서 음행을 제하게 하라"입니다. 이 말은 가슴을 말합니다. 인간의 모든 죄가 어디에서 나옵니까? 마음에서부터 나옵니다.

출애굽기에 보면 모세가 애굽으로 가지 않겠다고 버티니까 하나님이 세 가지 기적을 주시는데, 그 중 하나가 가슴에 손을 넣어보라는 것이었습니다. 가슴에 손을 넣는 순간 모세는 나병에 걸렸습니다. 나병의 근원이 가슴에 있다는 뜻입니다. 다시 품에 넣으라고 했더니 아기살같이 희어졌습니다. 죄도 구원도 이 가슴에서 시작되는 것입니다. 사람들은 환경이 나빠서 악랄해진다고 말하는데, 보시기에 완벽하게 좋았던 에덴에서부터 죄가 시작되는 것을 보면 환경이 죄와 악을 설명하는 전부가 될 수 없음을 잊어서는 안 됩니다.

그들의 어머니는 음행하였고 그들을 임신했던 자는 부끄러운 일을 행하였나니 이는 그가 이르기를 나는 나를 사랑하는 자들을 따르리니 그들이 내 떡과 내 물과 내 양털과 내 삼과 내 기름과 내 술들을 내게 준다 하였음이라. 그러므로 내가 가시로 그 길을 막으며 담을 쌓아 그로 그 길을 찾지 못하게 하리니(5-6절).

말로 안 되니까 웅덩이를 파서라도 더 이상 못 가게 하겠다고 하십니다. 이것이 저주라고 생각됩니까? 아닙니다. 이것은 복입니다. 악한 길로 가는 인생을 위해서 웅덩이를 파는 것은 복입니다. 따라서 닥친 환난을 부정적으로만 이해하는 것은 옳은 신앙이 아닙니다. 인생에 원천적으로 브레이크가 걸려 있는 것입니다. 우리는 이때 '하나님이 나를 이런 방법으로 사랑하시는구나' 하고 깨달아야 합니다. '이 아픔, 결함이 없었다면 내 중심 한 가닥이나마 주를 향하여 시선을 옮길 수 있었을까?' 하는 심정으로 감사드려야 합니다.

그가 그 사랑하는 자를 따라 갈지라도 미치지 못하며 그들을 찾을지라도 만나지 못할 것이라. 그제야 그가 이르기를 내가 본남편에게로 돌아가리니 그 때의 내 형편이 지금보다 나았음이라 하리라. 곡식과 새 포도주와 기름은 내가 그에게 준 것이요 그들이 바알을 위하여 쓴 은과 금도 내가 그에게 더하여 준 것이어늘 저가 알지 못하도다. 그러므로 내가 내 새 포도주를 그것이 맛들 시기에 도로 찾으며 또 그들의 벌거벗은 몸을 가릴 내 양털과 내 삼을 빼앗으리라(호 2:7-9).

천국의 자녀

이 풍경이 신약으로 넘어가면 탕자의 비유가 되는 것입니다. 탕자는 주려 죽게 되는 순간에 아버지의 집을 생각합니다. 우리의 본성과 본질도 다 탕자와 같았습니다. 그리고 우리 주변에는 탕자와 같은 실존 양식을 청산하지 않는 사람들이 많습니다. 심지어는 나의 가족, 친지, 친구, 이웃 들이 그러합니다. 하나님이 곤고한 날을 주시기 전에, 구덩이를 파시기 전에 이들이 말귀를 알아듣고 은혜를 입기를 기도해야 할 것입니다. 그리고 인생의 혹한기를 맞이하기 전에, 삭풍이 불기 전에 매순간 하나님의 은혜 없이 혼자 설 수 없는 빈 손 인생으로 사는 삶의 자리를 오히려 기뻐해야 할 것입니다. 이것이 새로운 실존의 양식입니다.

예배자가 걷는 길

1. 여로보암 2세의 치세는 태평성대였습니다. 왜 이런 부국강병의 시대에 호세아와 같은 비련의 선지자가 출현해야 했을까요? 호세아의 등장이 오늘 한국 교회와 우리에게 주는 의미는 무엇입니까?
2. 호세아와 고멜의 결혼이 당시의 유대 사회에 문제가 되는 이유는 무엇입니까? 이 결혼 기사를 하나의 예화로 보고자 하는 해석은 무엇을 우려한 결과인가요? 호세아의 혼인에서 우리가 얻을 수 있는 교훈은 무엇입니까?
3. 호세아가 고멜과의 혼인을 통해 낳은 세 자녀의 이름은 각각 어떤 뜻이며, 어떤 영적인 메시지를 담고 있습니까?
4. 호세아 선지자는 어떤 의미에서 오실 그리스도의 그림자로서 역할을 하고 있습니까?
5. 왜 신앙에서 공의와 사랑의 포옹이 중요합니까? 용서해줄 것이라면 십자가 없이도 용서가 가능한 것 아닌가요?

예배자가 읽는 책

서문에서 소개한 니그렌의 《아가페와 에로스*Agape and Eros*》의 필독을 권합니다. 국내에 번역돼 있지 않고 영어로 중역된 책이라 읽기가 쉽지 않습니다. 더구나 두 세대 이상 이전에 활동한 북구 신학자의 논리 전개가 우리에게 서먹하게 와 닿을 수 있습니다. 하지만 이런 불편을 참고 읽어낼 가치가 있는 책입니다.

사랑에 관한 한 C. S. 루이스의 《네 가지 사랑*The Four Loves*》도 필독해야 할 양서입니다. 루이스는 '사랑'이라는 덩어리를 애정Affection, 우정Friendship, 에로스Eros 그리고 자비Charity로 정형 분할합니다. 그리고 우리가 이 여러 종류의 사랑 사이에서 얼마나 쉽게 스스로 속고 또 속이는지도 폭로합니다.

02

두 마음을 못 견뎌하시는 하나님

사랑의 단단함: 하나님의 사랑 방법은 '배타성'이었다

호세아 2:10-23

내가 나를 위하여 그를 이 땅에 심고 긍휼히 여김을 받지 못하였던 자를 긍휼히 여기며 내 백성 아니었던 자에게 향하여 이르기를 너는 내 백성이라 하리니 그들은 이르기를 주는 내 하나님이시라 하리라 하시니라.

곰곰이 생각해보면
우리는 날마다 하나님의
엄청난 긍휼을 입고 사는
것이 분명합니다. 거기에는
우리를 향하신 하나님의
기다림과 참아주심이
내재해 있습니다.

행동의 기준

서양 사람들의 행동 기준은 죄의식입니다. 어떤 일을 두고 내 양심과 정서 속에 죄의식이 드느냐, 그렇지 않느냐로 행동을 결정합니다. 일본 사람들의 행동 기준은 염치입니다. 부끄러울 만한 일을 저질렀다면 일본 사람들은 극단적으로 자살을 택하기도 합니다. 죄송한 표현이지만 한국 사람들은 그릇된 행각을 벌이다 그것이 밝혀지면 '부끄럽다' 또는 '죄의식이 든다'고 생각하지 않는 것 같습니다. 오히려 '재수가 없다'고 여기는 듯합니다. 이것이 사실이라면 이는 한국 사회가 맞이한 무서운 도덕적인 위기입니다. 염치마저도 사라진 사회라면 굉장히 불행한 세대를 사는 것입니다.

이제 내가 그 수치를 그 사랑하는 자의 눈 앞에 드러내리니 그를 내 손에서 건져낼 사람이 없으리라(호 2:10).

영적인 간음

하나님이 자기를 떠나 영적으로 간음하는 이스라엘 백성의 수치를 드러내겠다고 하십니다. 하나님이 한 번 벌거벗겨서 수치를 드러내시면 거기에서 건져낼 사람이 없을 것입니다. 곰곰이 생각해보면 우리는 날마다 하나님의 엄청난 긍휼을 입고 사는 것이 분명합니다. 우리가 행한 대로 다 드러난다면, 저를 포함해서 얼굴을 들고 다닐 사람이 없습니다. 하나님이 기다리고 참고 봐주시니까 이렇게 다니고 있는 것입니다. 그 수치가 어디에서부터 시작하는지 보겠습니다.

내가 그의 모든 희락과 절기와 월삭과 안식일과 모든 명절을 폐하겠고(11절).

감사함이 있는 삶

이스라엘의 모든 절기와 제사, 또 모든 명절의 큰 주제가 무엇입니까? 그것은 감사입니다. 인류가 하나님 앞에 최초로 드렸던 제사도 희생제사가 아니었습니다. 아벨과 가인이 드렸던 제사가 무슨 제사입니까? 피가 있었으므로 아벨의 제사는 하나님이 받으셨고 가인은 피 없는 제사를 드렸기 때문에 받지 않으셨다고 하며 엉뚱하게 희생제사로 몰고 갑니다. 그러나 그것은 성경을 잘못 해석한 것입니다. 그것은 농사 한철이 끝나갈 즈음에 드렸던 감사제입니다. 아벨은 양치는 자였기에 양을 드렸을 뿐이고 가인은 농사꾼이었기에 곡식을 드렸습니다. 이스라엘의 모든 제사에는 가장 중요한 속성으로 '감사'가 자리하고 있습니다. 그런데 하나님이 명절을 폐하시겠다고 합니다. 이를 뒤집어서 말하면 '감사할 내용을 없애겠다'는 뜻입니다. 그들이 사실 감사해야 할 것인 줄도 모르고 누렸던 그 모든 것들을 그냥 거두어가시겠다는 뜻입니다. 감사할 것이 없는 삶을 만드시겠다는 것입니다. 그리고 12절에는 이런 경고의 상징물로서 두 가지를 기록하고 있습니다.

> 그가 전에 이르기를 이것은 나를 사랑하는 자들이 내게 준 값이라 하던 그 포도나무와 무화과나무를 거칠게 하여 수풀이 되게 하며 들짐승들에게 먹게 하리라.

기쁨의 상징

두 가지 열매 이름이 나옵니다. 포도와 무화과입니다. 구약성경에서 과일의 이름은 중요한 상징을 담고 있습니다. 포도는 포도주의 원료입니다. 포도나무는 기쁨의 상징입니다. 열두 정탐꾼이 가나안이 얼마나 풍요로운지 보여주기 위해 상징적으로 그 땅에서 난 열매를 들고 나옵니다. 그 열매가 바로 포도입니다. 무화과나무의 열매도 비슷하게 기능합니다. 무화과를 거칠게 하겠다는 것은 그 농사를 폐하고 숲을 황폐하게 만드시겠다는 것입니다.

그가 귀고리와 패물로 장식하고 그가 사랑하는 자를 따라가서(13절a).

이 백성이 하나님을 배반하는 데 얼마나 열심이었던지 귀고리와 패물로 장식했습니다. 그만큼 하나님을 배역하는 삶을 사는 데 열심을 냈다는 뜻입니다.

나를 잊어버리고 향을 살라 바알들을 섬긴 시일대로 내가 그에게 벌을 주리라. 여호와의 말씀이니라(13절b).

이것은 우리가 행한 불순종의 세월을 하나님이 냉정하게 세고 계신다는 말씀입니다. 대표적인 예로 가나안에 들어가기 전 정탐꾼들이 그 땅에 들어가 정탐한 기간인 40일의 하루를 1년으로 계산하여 40년을 방랑하게 하십니다. 이 얼마나 겁나는 경고입니까? 하나님의 경고는 더 심각한 수위로 높아집니다.

그러므로 보라, 내가 그를 타일러 거친 들로 데리고 가서 말로 위로하고(14절).

우리가 전에 사용하던 한글 개역성경에는 '타일러'를 '개유開諭하여'라고 표현했습니다. 한마디로 하나님이 이 백성을 거친 들로 살살 꾀어 데리고 나가시겠다는 것입니다. 왜 부드러운 말로 설득하여 광야로 데리고 나가실까요? 이 백성이 얼마나 완악한 백성인지 거친 들에서의 시간을 두지 않고는 돌아오지 않는 종자들이기 때문입니다. 너무도 마음이 굳어 있고 완악하기 때문에 거친 광야에서 보내는 시간이 필요한 것입니다. 그래서 고생길인 것을 뻔히 아시면서도 일부러 거친 들로 데리고 나오십니다. 사랑하기에 거기서 그들을 설득하시겠다는 것입니다. 그다음엔 어떻게 위로하십니까?

거기서 비로소 그의 포도원을 그에게 주고 아골 골짜기로 소망의 문을 삼아 주리니(15절).

전쟁의 영적 속성

그들은 지금 아골 골짜기에 들어와 있습니다. 아골 골짜기는 이스라엘 백성에게 잊을 수 없는 추억의 장소입니다. 그들은 가나안 땅에 들어와서 처음으로 여리고 전쟁을 수행했습니다. 여리고는 강하고 큰 성이었습니다. 40년의 광야 생활을 마친 이스라엘 백성은 지친 몸을 이끌고 생소하기 그지없는 가나안으로 들어왔습니다. 그들이 여리고를 어떻게 함락시킵니까? 매일 나가서 입을 다물고 한 바퀴씩 돕니다. 그러고는 마지막 날 마지막 바퀴를 돌고 나서 '와' 하면서 나팔을 불었더니 성이 무너지고 전쟁에서 이겼습니다. 이것은 이스라엘 백성이 창과 칼, 자신들의 작전, 지략, 힘으로 얻은 것이 아니라 하나님의 힘으로 승리했다는 뜻입니다. 여리고 성의 전투는 앞으로 가나안에서 부딪쳐야 하는 모든 전쟁의 영적인 속성을 보여준다는 면에서 매우 중요합니다.

순종의 모습

두 번째 전쟁이 일어났습니다. 앞의 여리고 전쟁과는 비교도 안 될 만큼 규모가 작은 전쟁입니다. 여기에 한 가지

명령이 주어집니다. 전쟁에서 얻는 노획물은 여호와의 곳간에 들이도록 했습니다. 왜 그렇습니까? 그 전쟁은 사람이 땀 흘려 쟁취하고 승리한 전쟁이 아니었습니다. 하나님의 승리라는 상징으로서 노략물은 사람이 가지면 안 되었던 것입니다. 그리고 그 중에서도 일상에서 가장 고귀한 물건으로 취급받는 은과 금은 더더욱 그랬습니다. 가장 귀한 자원을 곳간에 들임으로써 전쟁의 승리는 하나님의 선물임을 순종의 모습 속에 담아내야 했습니다.

남편 되시는 하나님

그러나 아이 성 전투가 어떻게 되었습니까? 인간적인 말로 박살이 나고 말았습니다. 이 패배가 쉽사리 용납되지 않아 지도자가 하나님 앞에 나아갔습니다. 백성 중에 범죄한 자를 추적을 해서 찾으라 하셨습니다. 아간이 걸렸습니다. 탐문하자, 금은과 시날 산 외투 몇 벌을 장막과 자기 곳간에 숨겼습니다. 이것은 단순한 도적질이 아닙니다. 하나님이 정하신 전쟁의 원리와 상징을 담은 명령을 어긴 것입니다. 이것은 중대한 사건입니다. 아간은 그래서 투석 형을 받고 골짜기의 돌무더기 속에서 죽어갑니다. 이곳이 바로 아골 골짜기입니다. 얼마나 비참합니까. 아간이라는 이름은 '곤란'이라는 뜻입니다. 그래서 '괴롭게 하는 자(말썽꾼)'

를 뜻하는 아간은 '괴로움'의 골짜기, 즉 아골 골짜기에 묻혔습니다. 참 명예스러운 유다 가문의 존재이건만 그는 범죄하고 말았습니다. 그래서 아골 골짜기는 저주의 골짜기, 멸망과 심판의 골짜기입니다. 그러나 하나님이 말씀하시기를 그런 절망과 저주의 아골 골짜기일지라도 마음을 돌이켜 돌아오면 그 문이 소망의 문으로 바뀐다는 약속을 주십니다. 오늘 우리에게도 이 메시지는 여전히 유효합니다. 절망과 저주 앞에 던져진 듯한 삶을 살아갈지라도, 그 마음을 하나님 앞에 돌리면 그분은 반드시 소망의 문으로 바꾸신다는 약속입니다.

> 여호와께서 이르시되 그 날에 네가 나를 내 남편이라 일컫고 다시는 바알이라 일컫지 아니하리라(16절).

다정한 부부 관계

이 구절이 오늘 말씀의 절정입니다. 하나님이 이들에게 이제는 남편이 되시겠다고 하십니다. 구약에 나타나는 이스라엘 백성과 하나님과의 관계 호칭의 변화는 참으로 재미있습니다. 처음에는 여호와 하나님과 이스라엘이었습니다. 그러다가 하나님과 그의 백성이 됩니다. 다윗 때에 와서는 여호와를 '목자'요 우리는 그의 '양'이라고 묘사합니다. 이것은 구약의 개념에서는 파격적이고 혁명적입니다. 이런 호칭은 쉽게 상상될 수 없는 것인데, 다윗은 이렇듯 하나님에 관해 새롭게 눈을 떠갑니다. 그러다가 점점 이스라엘 백성의 죄악이 깊어지면서 하나님이 이스라엘에 대한 자신의 열렬한 사랑을 구체적으로 드러내시는데, 호세아서에 와서는 '내가 너의 남편이 되겠다'고 하십니다. 이것이 신약에서는 '예수 그리스도는 신랑이요 우리는 그의 신부'로 드러나는 것입니다.

죄로 물든 인간의 속성

이스라엘 백성은 지금까지 바알을 남편이라고 부르고 있었습니다. 한 마디로 정부情夫인 것이죠. 정부와 부부의 차이점은 무엇입니까? 정부는 필요에 따라 만나는 사이입니다. 이 관계는 이익을 전제합니다. 우상을 섬기는 사람들의 영적인 속성은 똑같습니다. 자기들의 필요를 따라서 대상을 찾는 것입니다. 그러나 부부 관계는 어떤 것입니까? 부부 관계는 서로 조건 없이 헌신하는 관계를 말합니다. 부부란 골동품 같은 존재입니다. 골동품은 시간이 갈수록 가치가 더해집니다.

"지혜란, 불행한 경험을 통해서 두 번 다시 죄를 경험하지 않는 것"이라는 격언이 있습니다. 그러나 우리는 그렇게 불행을 경험하면서도, 하나님이 철저히 징계하시는 데까지 가야 겨우 정신을 차리는 경우가 많습니다. 내리막으로 치닫고 있는데도 그것이 형통인 줄 아는 경우도 있습니다. 하나님은 죄로 물든 인간의 속성을 아십니다. 몇 번이나 말을 해도 듣지 않을 경우에는 마지막 경고를 하십니다.

> 내가 바알들의 이름을 그의 입에서 제거하여 다시는 그의 이름을 기억하여 부르는 일이 없게 하리라. 그 날에는 내가 그들을 위하여 들짐승과 공중의 새와 땅의 곤충과 더불어 언약을 맺으며 또 이 땅에서 활과 칼을 꺾어 전쟁을 없이하고 그들로 평안히 눕게 하리라(17-18절).

책임져주시는 하나님

이스라엘 백성에게 주신 회복의 약속은 '내가 너희를 평안히 눕게 하겠다'입니다. 이것이 새로이 신부를 맞이하는 신랑인 남편의 배려입니다. 오래 전 아카데미 주연상을 받은 유명한 영화 〈이보다 더 좋을 수는 없다〉를 보면, 여자 주인공이 남자 주인공에게 엘리베이터 앞에서 "남자와 여자의 차이는 무엇입니까?" 하고 묻는 장면이 나옵니다. 남자 주인공이 "남자와 여자의 차이? 남자에게서 이성과 책임을 빼면 여자가 되지"라고 대답합니다. 남자의 특징을 책임감으로 파악한 사고입니다.(물론 요즘 보면 책임감 없는 남자들이 의외로 많습니다.) 그런데 하나님이 이스라엘을 신부로 맞이하면서 가장 먼저 그들에게 주셨던 언약은 그들을 평안하게 하겠다, 즉 책임져주시겠다는 것이었습니다. 한 해, 한 해 살아가면서 이 평안의 소중함을 너무도 절실히 느낍니다. 평안하면 모든 일이 순조롭기 때문입니다. 신랑이신 하나님이 그 백성에게 가장 소중한 평안을 주시겠다고 합니다.

언제 평안해집니까? 마음에서 욕심이 제거되는 때입니다. 욕심이 있는 한 늘 흉흉한 파도가 치는 삶을 살 수밖에 없습니다. 욕심이 제거돼야 합니다. "내가 네게 장가들어 영원히 살되"라고 말하는 그는 얼마나 기막히게 사랑스러운 신랑입니까? 세상에 이런 남편이 어디 있습니까? 어떤 여론조사를 보니 '당신이 다시 태어난다면 지금의 아내와 만나겠습니까?' 하는 설문에 73퍼센트나 되는 남자들이 난색을 표했답니다.

내가 네게 장가 들어 영원히 살되 공의와 정의와 은총과 긍휼히 여김으로 네게 장가 들며(19절).

균형감각의 중요함

여기서 중요한 균형을 봅니다. 무조건 의와 공평으로만 다스리는 것이 아니라, 그 밑바닥에는 긍휼함과 은총이 있다고 합니다. 절대 법으로만, 의로움으로만 상대하지 않겠다는 것입니다. 의로움으로 따지면 신랑 되신 그리스도 앞에 설 사람이 누가 있겠습니까? 그러나 그 밑에는 끝을 모르는 하나님의 은총, 인애가 뒷받침되어 있기에, 의와 법도 우리에게 따스함으로 다가오는 것입니다. 아프지만 사랑의 매임을 느낄 수 있는 것입니다.

여호와께서 이르시되 그 날에 내가 응답하리라. 나는 하늘에 응답하고 하늘은 땅에 응답하고 땅은 곡식과 포도주와 기름에 응답하고 또 이것들은 이스르엘에 응답하리라(21-22절).

영원한 약속

우주, 천지만물, 모든 자연이 서로 제구실을 합니다. 하늘은 비를 내리고 땅은 그 은혜로 열매를 맺습니다. 그 열매는 인간의 수고에 보답합니다. 오늘날 엘니뇨니 온난화니 하는 기상이변은 자연 질서의 파괴로 나타나는, 땅과 하늘의 불일치라는 것입니다. 그런데 하나님이 자연 질서까지 우리를 위해 원상태로 회복시키겠다고 하십니다. 이것은 가나안의 약속을 넘어선, 시공을 초월한 하나님의 임재와 사랑이 이루어지는 약속입니다. 단지 물리적 장소만을 우리에게 주신다는 뜻이 아닙니다.

> 내가 나를 위하여 그를 이 땅에 심고 긍휼히 여김을 받지 못하였던 자를 긍휼히 여기며 내 백성 아니었던 자에게 향하여 이르기를 너는 내 백성이라 하리니 그들은 이르기를 주는 내 하나님이시라 하리라(23절).

"내가 나를 위하여."

저는 이 구절에서 전율합니다. 하나님의 마음속에 담긴 사랑의 뜨거움을 느낄 수가 있기 때문입니다. 이루지 않고는 하나님 자신이 못 견딘다는 것입니다. 하나님은 자기 자신 때문에 우리를 그토록 사랑하십니다. 생각해보겠습니다. 만약에 한 남자의 아내가 딴 남자와 눈이 맞아 연락이 끊겼습니다. 아내의 마음이 어떨까요? 제대로 된 관계 가운데로 돌아오기까지 열불이 안 날 수가 없습니다. 그래서 라이너 마리아 릴케는 "사랑은 어쩔 수 없는 배타성과 비극적인 속성을 같이 갖고 있다"고 했습니다. 맞는 말입니다. 하나님의 사랑에는 굉장한 배타성이 있습니다. 하나님만 사랑하라 하십니다. 나뉜 사랑, 이것을 하나님이 견디지 못하시는 것입니다. 우리가 영적으로 간음하고 돌아다니며 딴 짓하고 딴 데 눈 맞추는 것을 하나님은 견디지 못하십니다. 우리가 바로 이런 그분의 배타적 사랑의 대상입니다.

예배자가 걷는 길

1. 하나님은 이스라엘을 향해 감사할 내용이 없는 삶이 될 것이라고 경고하셨습니다. 지금 우리의 삶은 과연 감사로 가득 차 있습니까?
2. 그러나 하나님은 백성이 마음을 돌이키면 아골 골짜기도 소망의 문으로 바꿔주신다고 약속하십니다. 마음의 돌이킴(회개)에 관한 정의와 실천에 관해 스스로 정리해보십시오.
3. 왜 우상 숭배는 참 종교이기보다는 이기적 종교심의 발로인가요? 왜 성경은 우상 숭배를 '간음'으로 묘사하고 있습니까?
4. 하나님의 사랑에는 어떤 균형이 있습니까? 무엇 때문에 그분의 사랑을 받는 우리가 방종하거나 태만하거나 그것(사랑)을 특권화할 수 없다고 하십니까?
5. "내가 나를 위하여." 이것은 여호와 하나님이 배은망덕하고 정조를 저버린 이스라엘을 다시 사랑하시는 근거입니다. 왜 하나님 자신의 결심과 열심 외에는 우리가 그분의 사랑을 희구할 근거가 없습니까?

예배자가 읽는 책

김용택, 도종환, 정호승, 기형도, 안도현 그리고 구광본과 같은 시인들의 시를 읽어보는 것은 어떨까요? 민감하고 섬세한 부류인 시인들의 가슴에 꽂힌 사랑, 사랑한다는 것, 사랑의 기쁨 그리고 사랑하는 일 때문에 받게 되는 상처와 아픔에 관한 새털처럼 착하고 부드러운 언어를 통해서 사랑의 실체이신 하나님께 더 가까이 갈 수 있습니다. 어떤 경우 우리가 놓치고 있는 서늘한 경건과 거룩의 진경眞景을 시인들이 도리어 더 많이 함유하고 있는 모습을 봅니다.

03

값을 지불하고 우리를 사다

사랑의 고통: 하나님 사랑에 붙들리기 위한 대가

호세아 3:1-5

이스라엘 자손들이 많은 날 동안 왕도 없고 지도자도 없고 제사도 없고 주상도 없고 에봇도 없고 드라빔도 없이 지내다가 그 후에 이스라엘 자손이 돌아와서 그들의 하나님 여호와와 그들의 왕 다윗을 찾고 마지막 날에는 여호와를 경외하므로 여호와와 그의 은총으로 나아가리라.

잠시 잠깐의 어려움과
고난의 풀무가 내 삶에
있더라도 중요한 것은
하나님이 나의 생애를
붙드셨고 값 주고 사셔서
나를 사랑하는 대상으로
삼으셨다는 사실입니다.

어느 부인이 남편이 외국에 나가 있는 사이에 불륜을 저질렀습니다. 남편이 집으로 돌아왔습니다. 어떻게 하나가 아내의 행각을 알게 되었습니다. 그러나 성장하고 있는 아이들을 생각하니 쉽게 이혼할 수가 없었습니다. 남편이 고민하다가 아내에게 선포했습니다. "이혼은 하지 않겠다. 한 집에 살면서 한솥밥을 먹겠지만 더 이상 나는 당신을 아내로 생각하진 않을 것이다. 그러니 당신도 나를 남편이라 생각지 말고, 그냥 형식적인 생활을 유지하자."

그러고는 생활이 시작이 되었습니다. 상상해보십시오. 기본적인 소통 외에는 일체 대화를 하지 않습니다. 한 집에 살면서도 없는 것처럼 사는 것입니다. 남편의 태도는 언제나 싸늘합니다. 얼굴 표정도 차갑습니다. 명색이 법적으로 부부라지만 여자 입장에서는 정말 미칠 지경인 것입니다. 고민 끝에 상담을 요청했습니다. 하루하루가 지옥이었다고, 차라리 그냥 갈라서는 것이 낫겠다고 했습니다.

곰곰이 한번 생각해보십시오. 우리의 신앙생활도 마치 하나님과 이런 관계를 유지하고 있으면서, 그분의 심정은 감지 못하는 영적 불감증 환자들처럼 살고 있습니다. 명색이 하나님의 자녀이고 그리스도의 신부이지만 전혀 하나님의 임재 의식 없이 살아가는 그리스도인들이 대단히 많습니다. 모세가 시내 산에 올라가서 하나님께 율법을 받아 가지고 내려왔습니다. 그러나 산 밑의 백성은 우상 놀음에 빠져 난장판이 되어 있었습니다. 모세도 분개했지만 가장 마음이 아팠던 분은 하나님이셨습니다. 그때 하나님이 중요하고도 무서운 말씀을 하십니다. "내가 너희 백성의 조상적부터 약속했기 때문에 너희를 가나안 땅까지는 인도하여 들이겠다. 그러나 한 가지 분명히 알 것은 내가 너희와 함께하지는 않을 것이다."

이때 모세가 하나님 앞에 통곡하면서 매달립니다. "하나님, 우리가 가나안에 들어가는 것이 무슨 의미가 있습니까? 하나님이 함께하지 않는데 우리가 가나안에 들어간들 그것이 무슨 의미가 있습니까? 함께 가주십시오." 성숙한 중보의 기도를 드립니다.

마치 한 집안에서 부부로 살지만 전혀 부부로서 친밀감

없이 살아가는 가정처럼, 그리스도인들도 그리스도는 신랑 이요 나는 그의 신부인지, 구체적으로 하나님의 임재 의식이 내 영혼 속에 스며있는지 자문하며 점검해야 합니다. 이것은 내가 기도해서 무엇을 얻어냈느냐, 어떤 역사가 일어났느냐보다 더 중요하고도 기본적인 문제입니다. 나는 하나님의 임재 속에서 부부의 재미를 새록새록 느끼면서 살아가고 있는지 생각해보아야 합니다.

하나님의 임재 의식

연애할 때는 눈에 콩깍지가 씐다고 합니다. 그러나 결혼생활 4-5년 하다 보면 그 콩깍지가 벗겨지는 것이 사실 정상입니다. 그러나 살면 살수록 그 콩깍지가 더 많이 씌어야 합니다. 부부 관계는 서로에게 골동품처럼 되는 것입니다. 골동품은 시간의 흐름에 감가상각되지 않고 가치가 더 높아집니다.

모든 인류의 불행은 일방적인 관계에서 옵니다. 내가 사랑하고 돌보아주고 배려해주었지만 되돌아오는 반응은 거절과 고통과 오해뿐이었을 때, 큰 분노를 느끼게 됩니다. 사랑하고 배려해주고 돌보아주었는데 돌아온 것은 엉뚱한 오해와 거절과 마음의 고통뿐이었다면, 그것은 보상될 수 없는 시련이고 괴로움일 것입니다. 하나님과 우리 사이에

일방적 관계의 불행

도 이런 어그러진 관계가 얼마든지 형성될 수 있습니다. 바로 호세아서 3장에 나오는 이스라엘 백성과 하나님과의 관계가 그렇습니다. 그것은 음부淫婦인 고멜과 호세아 선지자의 관계에서 그림자 형태로 나타납니다. 남편의 사랑을 거절하고 음부가 되어버린 그 여자를 다시 사랑하라는 하나님의 명령 앞에 순종해야 하는, 가혹한 운명 앞에 서 있는 호세아 선지자를 만나면서 하나님의 사랑이 우리에게 어떠한 것인지 볼 수 있어야 합니다.

> 여호와께서 내게 이르시되 이스라엘 자손이 다른 신을 섬기고 건포도 과자를 즐길지라도 여호와가 그들을 사랑하나니 너는 또 가서 타인의 사랑을 받아 음녀가 된 그 여자를 사랑하라(호 3:1).

기쁨의 회복

건포도는 포도를 가지고 만듭니다. 정탐꾼들의 어깨에 메어 있던 포도에서 보듯이, 포도라는 열매는 가나안에서 기쁨을 상징하는 식물로 등장합니다. 그래서 이스라엘 백성의 결혼잔치에는 신랑신부가 빠지는 한이 있더라도 포도주가 떨어지면 안 됩니다. 포도주는 단순히 알코올이 아니라 기쁨을 상징하는 사회적 음식social food이었습니다. 예수님이 공생애를 시작하시면서 첫 번째로 베푼 기적이 결혼잔치에 가셔서 물로 포도주를 만드는, 다시 말하면 기쁨이 끊어진 인생들에게 진정한 기쁨을 회복시켜 주시는 구세주로서의 자기 정체를 드러내시는 것이었습니다. 포도는 축복의 상징이요 하나님이 주신 열매로시 기쁨의 상징입니다.

두 가지 싸움

지금 이스라엘은 백성이 다른 신을 섬기면서 건포도 과자를 즐긴다고 합니다. 그 의미는 우상 앞에 드렸던 제물을 되받아 자기들이 분배해서 나누어 먹는다는 이야기입니다. 왜냐하면 제물로 드렸던 것은 드렸던 그 백성이 다시 먹게 되어 있습니다. 그렇다면 그들이 즐기는 이 건포도 과자는 다른 신들에게 제사했던 것입니다. 그러면 기쁨의 상징인 이 건포도 과자를 드리며 기쁨과 축복의 고백을 누구에게 했다는 것입니까? 이 백성이 여호와가 아닌 다른 신들에게 고백을 하며 향을 사르고 예배했다는 말입니다. 이것이 '다른 신들을 섬기고 건포도 과자를 즐길지라도'에 녹아 있는 그들의 영적 상태의 실체입니다.

결국 이 땅에는 이 두 가지의 싸움이 상존합니다. 이스라엘 백성은 가나안 땅에 들어가서 거기에 무한히 널려 있는 실제적인 축복을 누가 준 것으로 이해하고 있습니까? 가나안 땅이 준 것으로 이해하고 있습니다. 그럼으로써 그들은 하나님의 은혜를 잊은 것입니다. 우리의 인생에는 이 두 가지 철학이 늘 맞서 싸웁니다. 생의 모든 축복과 기쁨과 열매를 주시는 하나님이 주인이심을 인식하고 고백하느냐, 아니면 그 땅이 내어준 것으로 인식하고 있느냐의 싸움입니다. 그래서 여기 다른 신들과 하나님이 주인 되시는 삶의 고백 사이에 보이지 않는 영적 싸움이 있는 것입니다. 그러나 불행히도 바람난 여인처럼 이 백성은 기본적이고도 더 근원적인 하나님의 은혜를 상실하고 있습니다. 가나안 자체를 허락하신 분이 누구십니까? 하나님이십니다. 그러나 그 땅에 들어가자 그만 땅의 풍요에 취하고, 그 땅의 축복에 젖어서 땅이 축복을 내어주는 줄로 알고 있는 것입니다. 그래서 그 땅의 신을 섬기면서 거기에 제사를 드리고 하나님이 주시는 기쁨과 축복의 상징인 건포도 열매를 바치며 이방 신에게 고백을 하고 있는 것입니다.

은혜를 상실한 백성

예수 그리스도를 믿는 사람 가운데도 양다리를 걸치고 사고의 유희를 하는 사람들이 얼마든지 있습니다. 하나님이 그를 구속하셔서 그에게 모든 축복을 주시는데도 그의 의식 한편에는 내가 직장생활을 해서, 내가 능력이 있어서라고 오해하고 착각하는 것입니다. 신명기에는 재물 얻을 능력을 하나님이 주신다고 말씀합니다. 우리가 하나님 앞에 물질을 드리고 정성을 드리는 것은, "이 모든 것들이 주께로부터 왔으니 주께 돌립니다"라는 고백입니다. 이것을 서역한 인생들을 하나님이 그냥 보아 넘기지 않습니다. 이것은 단순히 물질에 관한 것이 아니라, 하나님의 영광을 도적질하는 것이기에 그렇습니다. 하나님이 가장 싫어하시는 태도가 있다면 하나님께 돌아갈 영광을 가로채는 것입니다. 이것은 주도권 문제가 아닙니다. 이것은 사랑과 배신에 관한 문제이고, 하나님은 이러한 배신을 견디지 못하십니다.

> 내가 은 열다섯 개와 보리 한 호멜 반으로 나를 위하여 그를 사고(2절).

음부가 된 여인을 위해서 얼마의 값을 치르는가 보십시오. 은 열다섯 개와 보리 한 호멜 반입니다. 보리 한 호멜

은 삼십에 팔린 그리스도

반을 값으로 따지면 은 열다섯 분량입니다. 그러니까 합하면 은 삼십입니다. 은 삼십을 몸값으로 팔리신 분이 누구입니까? 예수 그리스도이십니다. 영적으로 타락한 여인을 위해서 은 삼십의 값을 치르게 됩니다. 여기서 예수 그리스도의 대속의 죽음을 함께 느낄 수 있습니다. 뒤집어 말하면 이런 값을 치르지 않고는 이 여인을 구속할 수 없다는 절망의 깊음을 말하고 있는 것입니다. 예수 그리스도의 대속의 죽음이 전제될 수밖에 없는 우리의 타락한 삶의 자리와 모습을 설명하고 있습니다. 죄인의 신분으로 뱀의 형상처럼 달려야 했던 놋뱀이신 예수 그리스도가 은 삼십에 팔리지 않았습니까? 이 음탕한 여인은 바로 우리들입니다.

그에게 이르기를 너는 많은 날 동안 나와 함께 지내고 음행하지 말며 다른 남자를 따르지 말라. 나도 네게 그리하리라 하였노라(3절).

음탕한 아내를 값 주고 사심

3절은 언뜻 보기에는 평범한 구절입니다. 그러나 3절 안에서 유념해야 할 말씀이 있습니다. "나도 네게 그리하리라." 이것이 무슨 말씀일까요? 이 구절은 상호적인 전적 헌신에 관한 말씀입니다. 놀라운 사실은, 죽어 마땅한 음탕한 아내를 다시 값을 주고 사서 그 여인에게 '나도 네게 그렇게 헌신을 하겠다'고 다짐한다는 것입니다.

예수 그리스도께서 우리를 구속하신 후 주인과 종의 관계를 설정하신 것이 아닙니다. '내가 너를 샀다', '너를 피값으로 구속했기 때문에 종이라고 하지 않으신다'는 것입니다. 종이 아니라 사랑하는 대상으로 불러주십니다. 새 신부처럼 우리를 대하고 불러주신다는 것입니다. 죄인인 우리를 향한 이 얼마나 기가 막히게 아름다운 사랑의 고백입니까? 우리처럼 정수리부터 발끝까지 매맞아 성한 곳 하나 없는 죄인들을 향해서, 나도 네게 사랑에 관한 한 헌신하겠다고 하십니다.

하나님의 사랑과 고백 앞에서 우리가 무슨 할 말이 있습니까? 이 말 앞에서 잘난 사람도 한 점의 교만할 이유가 없고, 아무리 못난 사람도 낙심할 이유가 없습니다. 이 땅에서 사람들이 가장 견디지 못하는 것이 무엇입니까? 인간 취급받지 못할 때 감내하기 힘든 심적인 고통이 옵니다. 우리는 하나님 앞에서는 마땅히 죽었어야 할 존재들입니다. 그러나 그러한 우리들을 구속하시고 값을 주고 사셔서 내

하나님의 사랑 고백

가 너에게 사랑으로 헌신하겠다며 다시는 다른 남자에게 한눈 팔지 말라고 타이르고 계시는 것입니다.

이스라엘 자손들이 많은 날 동안 왕도 없고 지도자도 없고 제사도 없고 주상도 없고 에봇도 없고 드라빔도 없이 지내다가(4절).

이스라엘의 타락

'많은 날 동안'이라는 말은 그저 막연한 시간이 아닙니다. 하나님의 계획과 섭리 속에 지정된 어떤 일정 기간을 말합니다. 대체로 신학자들은 유다가 바벨론 포로에 붙들려 있어야 할 칠십 년의 기간을 말한다고 입을 모읍니다. 이스라엘 자손이 많은 날 동안 왕이 없다는 말은 곧 나라의 존폐에 관한 문제입니다. 결국 이스라엘의 멸망, 곧 포로 기간을 말하는 것입니다. 그다음에는 지도자도 없다고 했습니다. 여기서 지도자는 장로들과 방백들을 말합니다. 다시 말해, 나라의 종교제도가 완전히 폐지되는 것을 뜻합니다. 그다음엔 제사, 즉 예배도 사라집니다. 주상도 없습니다. 주상은 우상을 말합니다.

다음은 에봇도 없다고 합니다. 에봇은 제사장들이 예배

드릴 때 입던 옷인데, 옷의 전면에 열두 보석이 달려 있습니다. 그 열두 보석은 이스라엘의 열두 지파를 상징하는 보석들입니다. 또한 거기에 우림과 둠밈이라는 것이 붙어 있어서 하나님의 말씀이 임할 때 그것이 사용되곤 했습니다. 그러나 불행히도 에봇을 이스라엘 백성과 제사장들이 점치는 데 사용했습니다. 오늘날 기독교도 그런 식으로 이해하고 해석하는 사람들이 많습니다. 어떤 목사에게 예언의 은사가 있다더라 하며 몰려다니는 사람들이 있습니다. 그러한 곳에 쫓아다니지 마십시오. 성경 말씀을 마술쇼를 하듯 행사나 이벤트처럼 사용하는 것은 다 제사장의 옷으로 점을 치는 이스라엘 제사장들의 행위와도 같습니다.

그다음은 드라빔도 없이 지낸다고 했습니다. 드라빔은 이스라엘 백성이 이방 사람들이 사용하는 가정 수호신을 도입한 것입니다. 자, 아무것도 없습니다. 어떻게 된 일입니까? 하나님이 고멜의 생리를 아시는 것입니다. 이런 초강력 방법을 쓰지 않고는 이 여인이 배반하고 넘어지는 죄에서 빠져 나올 길이 없기 때문에 영적으로 진공 상태를 만들어버리는 것입니다.

과거에 마오쩌둥이 문화혁명을 일으키고 홍위병들을 앞

세워 일종의 종교 말살을 시도했습니다. 중국은 원래 잡다한 신을 좇는 나라였습니다. 중국 현대사를 읽어보면 인간의 힘으로는 씻어낼 수 없을 정도로 다양한 미신이 존재했습니다. 문화혁명 당시 기독교도 미신으로 몰려서 중국 사람들의 정신세계 속에서 다 뽑아내고 말았습니다. 그때 서방세계에서는 중국의 대변혁을 가리켜서 재앙이라고 했습니다. 그러나 닉슨 대통령의 핑퐁외교를 통해서 죽竹의 장막이 열리고 복음이 다시 들어가기 시작했습니다. 70년대 초에 있었던 일입니다. 그때 중국 땅에 다시 들어간 복음이 영적으로 진공 상태가 되어버린 중국인들의 의식과 심령에 어떻게 작용했습니까? 마치 폭탄과 같은 위력을 발휘했습니다. 아무것도 들어가 있지 않던 영적 진공 상태에 하나님의 복음이 들어가자 가히 폭발적이라 할 수 있는 현상이 일어났습니다. 저도 중국을 방문해서 현지교회들을 돌아보았지만, 복음의 수용도가 얼마나 높은지 목회자 수급이 맞지 않습니다. 지도자가 없습니다. 우리나라에서의 집사 직분 정도가 목회자 역할을 실제로 담당하고 있는 것입니다. 현재 중국 종교당국의 통계에 의하면 정부 공인 교회인 삼자교회를 포함해 거의 1억 명에 가까운 교세로 본다고 합니다. 이러한 폭발적 성장의 원인이 무엇입니까? 그들의 영적인 진공 상태 때문에 가능했다고 보는 전문가들이 많습니다.

하나님은 지금 그 작업을 하고 계십니다. 죄악에 길들여진 고멜, 즉 이스라엘의 영적인 상태를 고치기 위해서는 초강력 방법을 쓰지 않고는 고쳐지지 않는다는 것을 아셨습니다. 그래서 바벨론이라는 몽둥이를 들어 쓰신 것입니다. 그 용광로에다가 70년 동안 풀무불의 역사를 경험하게 하셨습니다. 그 70년 동안 완전한 영적 진공 상태를 만들어 그들의 종교적 혼합주의를 처절할 정도로 깡그리 뽑아내십니다.

마치 용광로에서 쇳물 녹여내듯이 영적인 불순물들을 다 뽑아내는 것입니다. 그러나 죄가 깊은 곳에 은혜가 넘친다는 로마서의 말씀처럼, 사람은 극도의 영적인 타락 속에서도 은혜를 갈구하며 사모하게 되어 있습니다.

> 그 후에 이스라엘 자손이 돌아와서 그들의 하나님 여호와와 그들의 왕 다윗을 찾고 마지막 날에는 여호와를 경외하므로 여호와와 그의 은총으로 나아가리라(5절).

다윗을 구한다는 말은, 다윗의 집안을 통해서 메시아가 오신다는 예언 때문입니다. 그들이 영적인 진공 상태에서 지내다가 다윗의 집안을 통해서 예언되었던 메시아, 이스라엘을 온전히 구속하실 그 메시아를 구하게 된다는 뜻입니다. 이것이 하나님의 방법입니다.

그다음 '마지막 날'이란 종말론적으로 마지막 시간을 말하는 것이 아니라, 포로에서 자유케 되는 그 날을 말합니다. "마지막 날에는 여호와를 경외하므로 여호와와 그의 은총으로 나아가리라." 이것이 사랑하는 연인, 사랑의 대상을 다루시는 하나님의 방법입니다. 그분이 우리를 값 주고 사셨습니다. 그러고는 연인의 위치로 우리를 높여주셨습니다.

사랑하는 사람답게

그렇다면 하나님은 이제 격상시킨 대상을 수수방관하며 그대로 두시지 않습니다. 사랑하는 사람답게 그 대상을 빚으시는 하나님이십니다. 그대로는 수준 차이가 나서 안 됩니다. 이것은 하나님의 자존심에 관한 문제입니다. 하나님이 사랑하는 대상, 사랑해야 할 대상인데 이렇게 추한 모습으로 남겨둘 수 없는 것입니다. 그래서 그 대상을 역사의 풀무불 속에 넣어서 새로 만드시는 것입니다. 깎고 빚고 다시 한 번 정련시킵니다. 우리가 그러한 하나님의 사랑에 붙들려 있는 것입니다. 잠시 잠깐의 어려움과 고난의 풀무가 내 삶에 있다 할지라도, 중요한 것은 하나님이 나의 생애를 붙드셨고 값 주고 사서서 나를 사랑하는 대상으로 삼으셨다는 사실입니다. 이 말씀이 험한 세월을 살아가는 우리의 심령에 다시 한 번 일어설 수 있는 용기의 원천이 될 것입니다.

예배자가 걷는 길

1. 나는 혹시 명목상으로는 신자라고 하면서 실상은 별거중에 있는 부부처럼 친밀감, 소통 그리고 나눔 없이 살아가고 있지는 않습니까? 그렇다면 그 상황을 어떻게 해소할 수 있습니까?
2. 고멜은 결국 신의를 밥 먹듯 저버리는 지조 없는 우리의 모습을 대변합니다. 이런 우리를 위해 하나님의 아들이 오셔서, 우리를 건져내신다는 메시지를 이 장은 어떻게 상징화하고 있습니까?
3. 최근 어떤 사람들은 십자가 피흘림을 통한 구속(용서와 화해, 그리고 복구)이 대단히 폭력적이고 따라서 기독교는 유치한 교리일 뿐이라고 몰아붙입니다. 그러나 저자는 그리스도의 대속적 죽음이 필수불가결의 조건이라고 합니다. 왜 그렇습니까?
4. 하나님의 사랑은 '과도'합니다. 하나님은 이스라엘이 돌아올 경우 그들을 어떻게 대하겠다고 하십니까?

예배자가 읽는 책

김세윤의 《고린도전서 강해》를 권합니다. 사랑장으로 알려진 13장에 관한 설명이 조금 짧은 것이 아쉬움이나, 고린도 교회를 괴롭혔던 은사의 무분별한 추구, 이로 인해 기독교 신앙의 본질이라 할 수 있는 사랑의 결여가 빚어낸 심각한 문제들에 관하여 유익한 시각을 우리에게 제공합니다. 김세윤의 저서는 어떤 주제이건, 복음적 신앙을 추구하는 신자들이 가장 적은 투자로 가장 큰 신학적 지식과 통찰을 얻게 합니다. 한국 교회에 이런 대학자를 주신 것은 큰 자랑이며 감사의 제목입니다.

04
독수리의 양육 방법

사랑과 지식: 힘들지만 약속을 이루기 위하여

호세아 4:1-19

이스라엘아 너는 음행하여도 유다는 죄를 범하지 못하게 할 것이라. 너희는 길갈로 가지 말며 벧아웬으로 올라가지 말며 여호와의 사심을 두고 맹세하지 말지어다.

마음은 우리 모든 인격이
머무는 자리입니다.
그러므로 우리는 성령님
외에는 우리 인격의 자리에
그 어떤 것도 들여놓아서는
안 됩니다. 그것은 분명
영적인 간음입니다.

"이스라엘 자손들아."

성경에서는 같은 대상이라도 어떻게 호칭하느냐에 따라서 의미가 다릅니다. 호세아서 4장 1절에서는 당신의 백성을 향해서 하나님이 "이스라엘 자손들아" 하고 부르십니다. 이스라엘 자손이란 그들의 정체성에 관한 호칭입니다. 지금 하나님이 이렇게 부르시는 그들은 누굽니까? 그들은 하나님이 만세 전에 예정하시고 선택하신 백성입니다. 영광스러운 하나님의 대상입니다. 존귀한 하나님의 백성입니다. 그들을 향해서 하나님이 지금 "이스라엘 자손들아" 하고 부르십니다. 그들이 빗나가도 엄청나게 빗나갔기에, 그들의 양심을 찔러대는 호소입니다. 다시 말하면 "너희는 내 사랑하는 자손이 아니냐, 너희는 나의 자녀가 아니냐" 하고 호소하시는 것입니다. 이 한 마디의 호칭에서 하나님의 심정을 발견할 수가 있습니다. 그리고 이렇게 이어집니다.

이스라엘 자손들아 여호와의 말씀을 들으라. 여호와께서 이 땅 주민과 논쟁하시나니 이 땅에는 진실도 없고 인애도 없고 하나님을 아는 지식도 없고(1절).

3無의 세월

세 가지가 없습니다. 진실, 인애 그리고 하나님을 아는 지식입니다. 그리고 이 한 절 안에 땅이라는 의미의 '에레츠*erets*'가 두 번 반복됩니다. 이러한 반복의 의도를 놓치지 말아야 합니다. 먼저 논쟁하신다는 말은 법적인 용어인데 고소한다는 뜻입니다. 하나님이 지금 이스라엘 백성을 고소하십니다. 그들의 양심, 그들의 타락한 감각에다 고소합니다. 그런데 왜 하나님이 그들이 살고 있는 장소를 반복해서 강조하실까요? 이 문제에 답하는 것이 우리에게 상당히 중요합니다.

역사적으로 숙고해보겠습니다. 하나님이 히브리 민족을 어디서부터 어떻게 이 장구한 세월 동안 인도해내셨습니까? 그 땅이 어떠한 땅이었습니까? 하나님을 알지 못하던 아브라함을 택해서 그에게 가나안이라는 젖과 꿀이 흐르는 약속의 땅을 허락해주셨습니다. 그리고 그들은 하나님의 손길과 은혜 속에 용광로와 같은 세월을 겪으면서 드디어 그 땅을 얻게 되었습니다. 젖과 꿀이 흐르는 축복의 땅이었습니다. 그래서 지금 역설적으로 이 땅을 강조하는 것입니다. 지금 그대들이 하나님을 배역하고 떠난 이 땅이 어떤 땅인지 알지 않느냐는 이야기입니다. 신명기 11장 12절에 "네 하나님 여호와께서 돌보아주시는 땅이라. 연초부터 연말까지 네 하나님 여호와의 눈이 항상 그 위에 있느니라"는 말씀이 있습니다. 바로 이런 땅입니다. 바로 그들이 지금 배신과 패역을 자행하고 있는 그 땅이 이렇다는 것입니다.

하나님의 '헤세드'

그러나 호세아서 4장에서 이 땅이 어떻게 되고 있습니까? 이 땅에서 진실, 인애 그리고 여호와를 아는 지식이 없어졌습니다. 여기서 말하는 진실은 하나님의 진리입니다. 인애는 '헤세드*hesed*'라는 히브리어를 옮긴 것인데, 이 중의어는 자비mercy로 해석하면 좋을 것입니다. 그러나 이 자비는 단순한 자비가 아니라 하나님의 약속과 언약에 기초를 둔 자비를 말합니다. 그러니까 인애가 없다는 말은 이미 하나님과의 언약도 파기되었다는 뜻을 담고 있습니다.

오직 저주와 속임과 살인과 도둑질과 간음뿐이요 포악하여 피가 피를 뒤이음이라(2절).

여기서 저주는 말 그대로 저주입니다. 상대방에 대한 원망입니다. 인간이 본질에서 벗어나면서 외부적으로 드러나는 것이 있는데, 바로 남을 원망하는 것입니다. 아담과 하와의 에덴동산이 그랬습니다. 왜 따먹었느냐고 하니까 "당신이 준 저 여자가 과실을 내게 주므로"라며 변명합니다. 우리도 마찬가지입니다. 저 인간 때문에 그랬다는 것입니다. "나는 열심히 살려고 했는데 저 사람이 나를 못살게 굴어서"라고 핑계하는 것, 이것이 죄의 본질입니다. 문제를 내 속에서 찾는 것이 아니라 외부적인 환경 때문에 그랬다고 핑계합니다.

두 번째는 속임입니다. 개역에서는 사위詐僞라는 어려운 말로 번역해놓았습니다. 사람이 가장 초라해질 때가 거짓말을 할 때입니다. 어떤 상황 속에서도 흔들리지 않고 강한 힘이 나올 때는 정직할 때입니다. 정직한 것만큼 큰 힘은 없습니다. 정직을 잃어버릴 때 모든 힘은 약해집니다. 우리 한국 사람들은 체면 문화에 익숙해져 있어, 괜히 없으면서도 있는 척하는데 이런 것은 모두 거짓된 태도입니다.

세 번째는 살인입니다. 네 번째는 도둑질, 그리고 마지막으로 간음입니다. 이 다섯 가지가 하나님의 십계명에 해당하는 것입니다.

그러므로 이 땅이 슬퍼하며 거기 사는 자와 들짐승과 공중에 나는 새가 다 쇠잔할 것이요 바다의 고기도 없어지리라(3절).

환경의 저주

우선, 2절과 3절의 맥락을 보십시오. 그 땅에 서주, 살인, 속임, 도둑질, 그리고 간음이 횡행하는데 왜 물고기가 없어집니까? 말씀을 보면 "들짐승과 공중에 나는 새가 다 쇠잔할 것이요 바다의 고기도 없어지리라"고 했습니다. 이것은 무엇을 말합니까? 요즘 우리는 사계 중 봄이 실종된 시절을 겪고 있습니다. 엘니뇨 현상이 세계적으로 심각한 지경에 이르렀습니다. 각종 환경 파괴가 엄청납니다. 일전 우리나라에 황소개구리라는 외래종이 들어와 생태계를 교란해 큰 문제가 됐었습니다. 황소개구리는 보통 개구리의 다섯 배가 되는데, 뱀이고 뭐고 닥치는 대로 잡아먹습니다. 모든 생태계는 작은 종류부터 큰 종류까지 일정한 비율로 생존해야 보존됩니다. 그러나 이 황소개구리가 닥치는 대로 잡아 먹어버리면 큰 덩치들은 살아남는데, 그 아래 올챙이라든가 미세한 생물들이 전부 멸절됩니다. 그러면 엄청난 생태계의 파괴가 옵니다. 이 황소개구리들의 번식력이 얼마나 강한지 일반 개구리의 열 배 이상입니다. 모든 환경 파괴의 끝에는 무슨 문제가 도사리고 있습니까? 죄 문제가 도사리고 있습니다.

누가 제 손에서 담배 냄새가 난다고 한 적이 있어, 맡아 보니 정말 그랬습니다. 누군가가 담배를 피우고 교회 건물 앞에다가 꽁초를 버리면 저는 오가며 그것을 줍기 때문입니다. 주워도 끝이 없습니다. 담배를 피웠으면 꺼서 제대로 쓰레기통에다 버려야 될 것을 그렇게 하지 않습니다. 우리의 타락한 심성과 죄의 전염성, 이런 것들이 결국은 자연과 땅까지 망가뜨리는 것을 봅니다. 사람이 욕심을 부려 비료를 쳐서 농산물을 얻습니다. 결국 욕심으로 갈아엎은 땅은 몇 년 못 갑니다. 그래서 지혜로운 농부들은 땅에도 안식년을 줍니다. 6년을 갈아서 거기서 거두어 먹었으면 1년을 쉬게 하는 것입니다. 비료를 주면 곡식이 금방금방 자라서 생산이 될지는 모르지만 땅은 망가집니다.

사람의 욕심이 충만해져, 번성하라는 하나님의 명령을 오히려 망가뜨리고 있습니다. 바로 이런 이야기입니다. 바다의 고기도 없어지리라는 말씀의 의미가 이런 것입니다.

그러나 어떤 사람이든지 다투지도 말며 책망하지도 말라(4절a).

하나님의 노여움

뉘앙스가 조금 이상하지 않습니까? 다투지도 말고 책망하지도 말라고 하셨는데, 그럼 다 잘했다 칭찬만 하라는 이야기입니까? 이것은 하나의 역설법이지요. 이젠 그 단계가 지났다는 것입니다. 부모도 자식을 아단치다가 지치면 그땐 포기해버립니다. 그것이 사실은 더 무서운 것이지요. 하나님도 정말 분노하실 때는 상종하지 않습니다. 여기 4절의 어떤 사람이든지 다투지도 말고 책망하지도 말라는 의미 속에는 이 백성을 향한 하나님의 강한 노여움이 숨겨져 있습니다. 부모가 진짜 화가 나면 자식들에게 말을 안 하지요. 그러나 그것은 관계가 폐기됐다는 것이 아니라, 화가 났다는 사인입니다. "꼴 보기 싫으니까 집 나가!" 했는데, 이 말만큼은 내가 순종해야지 하며 나가는 자식은 참으로 어리석습니다. 진의는, 나 이렇게 너에게 분노하고 있다는 것이고, 그 분노 속에는 "너를 사랑한단 말이야. 왜 그렇게 말귀를 못 알아듣니" 하는 안타까움이 배어 있는 것입니다.

네 백성들이 제사장과 다투는 자처럼 되었음이니라(4절b).

이 말씀은, 백성이나 제사장이나 똑같이 되었다는 뜻입니다. 결국 누구에게 책임을 묻고 있는 것입니까? 지도자들이 문제였다는 말입니다. 왜 여기서 제사장을 언급합니까? 성경이 규정하는 제사장의 으뜸 직무는 무엇입니까? 중보의 기도와 제사를 집례하고 말씀을 선포하는 일입니다. 이 세 가지를 변변히 하지도 못하면서 딴 것에서 뛰어나봐야 그것은 제사장으로서 자격이 없는 것입니다. 주제에서 벗어나긴 하지만, 이런 의미에서 목회자들에게 먹을 것이 있게 해야 합니다. 먹을 것이 무엇입니까? 항상 양 떼들에게 나누어줄 진리의 양식이 풍성해야 합니다. 그러니 쓸데없는 일에 목사들을 바쁘게 하지도 말고 요구하지도 마십시오. 목사들이 영적으로 결핍되고 먹을 것이 없으면 결국 성도들이 손해입니다. 목사가 영양이 결핍이 되면 성도들이 젖을 못 먹습니다. 썩은 젖을 먹고 병들게 됩니다. 제사장들이 썩었기 때문에 백성이 이 꼴을 만난 것입니다. 제사장들에게는 늘 새롭게 생산되는 양식과 젖이 있어야 합니다. 그러나 그들은 하나님의 말씀을 기만하여 자기 식대로 가르치기 시작했습니다.

오늘날 한국의 복음주의적인 기독교에 가장 심각한 문제

가 있다면 강단의 타락입니다. 성경 본문을 읽고 하나님의 말씀을 전한다고 합니다. 그러나 하나님의 의도와는 전혀 상관이 없는 이야기를 합니다. 노회 다녀온 이야기, 여행 갔다 온 이야기를 합니다. 어떤 목사님은 본문을 읽어놓고 엉뚱한 이야기만 하고 있습니다. 그것도 남의 교회에 강사로 가서는 말이지요. 이것은 전부 직무유기입니다. 양 떼들에게 복음을 복음으로 가르치지 못하는 까닭에 백성이 타락하는 것입니다. 교회가 부흥이 되지 않고 사람들이 안 모이면 등에 식은땀이 납니다. 그럴 때는 어떻게 하든지 사람을 끌어모으기 위해 타협하고 싶은 유혹이 목사들에게 생깁니다. 이해합니다. 그러나 제가 한 가지 분명히 믿는 것은, 하나님의 말씀에는 운동력이 있기 때문에 화려한 수식어를 동원하여 전하지 않아도 하나님의 말씀만 진실히 전하는 목자에게로는 하나님이 반드시 양 떼를 보내주십니다.

너는 낮에 넘어지겠고 너와 함께 있는 선지자는 밤에 넘어지리라. 내가 네 어머니를 멸하리라(5절).

낮에 넘어진다는 것은 광명천지 대낮에도 비틀거리면서 넘어진다는 것입니다. 그만큼 백성이 어두운 눈을 갖게 된다는 말입니다. 낮인데도 길을 분간하지 못하고 넘어지는 꼴이 됩니다. 그다음에 '너와 함께 있는 선지자'는 언제 넘어집니까? 밤입니다. 이것의 속뜻을 밤에 은밀한 죄를 짓다가 넘어진다는 뜻입니다. 꼭 밤에 죄를 짓는다는 것이 아니고 밤처럼, 즉 은밀히 죄를 짓다가 넘어진다는 뜻입니다. "내가 네 어머니를 멸하리라." 무슨 애기입니까? 어머니를 멸한다는 말은 씨를 말려버리겠다는 뜻입니다. 이 백성을 향한 하나님의 단호한 입장을 보여주고 있습니다.

내 백성이 지식이 없으므로 망하는도다. 네가 지식을 버렸으니 나도 너를 버려 내 제사장이 되지 못하게 할 것이요 네가 네 하나님의 율법을 잊었으니 나도 네 자녀들을 잊어버리리라(6절).

하나님을 아는 지식

하나님의 백성이 지식이 없으므로 망한다고 하셨습니다. 네가 지식을 버리니까 나도 너를 버리겠다고 하십니다. 여기서 말하는 지식은 무엇일까요? 우리 한글성경에는 지식이라는 단어 앞에 아무것도 없습니다. 그러나 원문에는 정관사가 붙어 있습니다. '그 지식'이라는 것입니다. 그러면 그것은 어떤 지식을 말하는 걸까요?

멜기세덱에 관하여는 우리가 할 말이 많으나 너희의 듣는 것이 둔하므로 설명하기 어려우니라. 때가 오래 되었으므로 너희가 마땅히 선생이 되었을 터인데 너희가 다시 하나님의 말씀의 초보에 대하여 누구에게서 가르침을 받아야 할 처지이니 단단한 음식은 못 먹고 젖이나 먹어야 할 자가 되었도다. 이는 젖을 먹는 자마다 어린아이니 의의 말씀을 경험하지 못한 자요, 단단한 음식은 장성한 자의 것이니 그들은 지각을 사용함으로 연단을 받아 선악을 분별하는 자들이니라(히 5:11-14).

성장하지 않는 병

히브리서를 누가 썼는지는 미상이지만 분명한 것은 히브리서를 읽을 대상(수신자)입니다. 기자가 히브리인들에게 멜기세덱에 관하여는 우리가 할 말이 많으나 너희는 듣는 것이 둔하므로 해석하기 어렵다고 했습니다. 히브리인들이 누구입니까? 우리 식으로 말하면 '예수 믿는 문제에 관한 한 우리 집은 역사와 전통을 자랑할 수 있는 뼈대 있는 가문이다'라는 뜻입니다. 그러나 12절을 보면, "때가 오래 되었으므로 너희가 마땅히 선생이 되었을 터인데 너희가 다시 하나님의 말씀의 초보에 대하여 누구에게서 가르침을 받아야 할 처지이니 단단한 음식은 못 먹고 젖이나 먹어야 할 자가 되었도다"라고 말씀합니다. 자부하는 대로라면 지금쯤 선생의 자리에 있어야 한다는 뜻입니다. 그러나 선생의 자리에 있기는커녕 젖병을 빨고 있다고 합니다. 이도 나지 않은 것입니다. 아이가 자라지 않는 것은 부모에게 심각한 문제입니다. 아이가 나서 자라야 부모 마음이 아프지 않습니다. 아기 때는 예쁘기만 하고 눈에 넣어도 안 아픈 자식이지만 잘 커야 부모 마음이 편안합니다. 그러나 여기서 그들은 아직도 단단한 음식을 못 먹을 자라는 것입니다.

지식이 없어 망하는 백성

성장이 지체된 이유가 무엇입니까? "이는 젖을 먹는 자마다 어린아이니 의의 말씀을 경험하지 못한 자요." 이유는 하나입니다. 의의 말씀을 경험한 적이 없는 것입니다. 의의 말씀을 들은 적이 없는 것도 아니고 감동을 받은 적이 없는 것도 아닙니다. 딱 한 가지 이유는 그 말씀을 듣기도 했고 깨닫기도 했고 은혜도 받았지만 순종하여 지킨 적이 없습니다. 그것을 경험한 적이 없습니다. 여기서 경험이라는 것은 단지 지적인 인지, 동의, 합의를 뜻하지 않습니다. 마치 남녀가 성적으로 결합하듯이, 실존적으로 맛보아 아는 차원을 말합니다. 연수年數는 무척이나 오래 되었습니다. 연수를 따지자면 다 선생이 되어야 합니다. 그러나 아직 젖병을 빨고 있습니다. 이유는 그 말씀을 가지고 고민하며 씨름하며 순종한 적이 없기 때문입니다. 이스라엘 백성은 항상 말씀을 듣습니다. 예배도 드리고 제사도 드립니다. 기도도 하고 말씀도 외웁니다. 그러나 말을 듣지 않습니다. 지식이 없어 망하는 것입니다.

그래서 네가 지식을 버렸으니 나도 너를 버리고 내 제사장이 되지 못하게 하신다는 것입니다. 하나님은 누구에게서 일차적인 책임을 찾고 있습니까? 지도자들에게서 찾고 있습니다. 이 말씀을 들을 때마다 교계를 넘쳐나는 마음 아픈 현실들이 보입니다. 오늘날 교회에 닥친 가장 심각한 도전은 복음의 내용을 쓸데없는 형식과 비성경적인 권위로 바꾸어버리고 만 것입니다. 이것이 모두 누구의 책임입니까? 일차적으로는 저를 포함한 교역자들의 책임입니다. 어떤 지경까지 갔는가 하면, 미가서 3장 5절이 묘사하는 바와 같습니다.

내 백성을 유혹하는 선지자들은 이에 물 것이 있으면 평강을 외치나 그 입에 무엇을 채워주지 아니하는 자에게는 전쟁을 준비하는도다.

돈 봉투를 갖다 주면 평강을 외칩니다. 그러나 그 입에 무엇을 채워주지 않으면 자식이 저주받는다고 공갈을 치는 것입니다. 이런 행태가 그때만 아니라 오늘날에도 있습니다. 목회자뿐 아니라 평신도들도 반성해야 합니다. 평신도가 똑똑하면 이런 일들이 일어날 수가 없습니다. 그리고 목회자가 아니라 성도 자신을 위해서라도 교역자들을 위해서 기도해야 합니다. 교역자들도 연약한 죄인에 불과하기 때문에 유혹과 시험에 빠지고 죄를 범할 가능성에 모두 열려 있습니다. 사람을 믿지 마십시오. 그러므로 목회자들을 위해 마땅히 기도해야 할 책임이 있습니다.

그들은 번성할수록 내게 범죄하니 내가 그들의 영화를 변하여 욕이 되게 하리라(7절).

형통은 복이 아닙니다. 돼지에게 먹이를 주는 것은 살찌워서 잡아먹으려는 것뿐입니다. 이 땅에 하나님을 떠난 사람들의 형통한 모습이 얼마나 많습니까. 시편 73편을 보십시오. 의인이 한 사람 있는데 헷갈리는 문제에 봉착했습니다.

하나님이 참으로 이스라엘 중 마음이 정결한 자에게 선을 행하시나 나는 거의 넘어질 뻔하였고 나의 걸음이 미끄러질 뻔하였으니(1-2절).

왜 이런 혼란이 찾아왔을까요? 3절을 보겠습니다.

이는 내가 악인의 형통함을 보고 오만한 자를 질투하였음이로다.

이 정도로 끝나지 않습니다. 14절을 보십시오. 의인은 악인의 형통을 보고 당혹해하는 정도가 아니라 본인이 심한 재난과 징벌을 당합니다.

나는 종일 재난을 당하며 아침마다 징벌을 받았도다.

의인인 자신은 아침에 일어나기가 두려울 정도로 날마다 깨지는 것입니다. 15-17절을 보십시오.

내가 만일 스스로 이르기를 내가 그들처럼 말하리라 하였더라면 나는 주의 아들들의 세대에 대하여 악행을 행하였으리이다. 내가 어쩌면 이를 알까 하여 생각한즉 그것이 내게 심한 고통이 되었더니 하나님의 성소에 들어갈 때에야 그들의 종말을 내가 깨달았나이다.

언제 알았습니까? 하나님의 성소에 들어갈 때 깨달았습니다. 그러면 어떻게 깨달았습니까? 18-23절이 그 답을 줍니다.

주께서 참으로 그들을 미끄러운 곳에 두시며 파멸에 던지시니 그들이 어찌하여 그리 갑자기 황폐되었는가 놀랄 정도로 그들은 전멸하였나이다. 주여 사람이 깬 후에는 꿈을 무시함 같이 주께서 깨신 후에는 그들의 형상을 멸시하시리이다. 내 마음이 산란하며 내 양심이 찔렸나이다. 내가 이같이 우매 무지함으로 주 앞에 짐승이오나 내가 항상 주와 함께하니 주께서 내 오른손을 붙드셨나이다.

악인이 잠시 형통하는 듯 보여도 종국에는 창졸지간에 멸절하고 만다는 사실 앞에서 큰 깨달음을 얻고 다시 기뻐합니다. 여러분도 악인의 형통을 부러워하지 마십시오. 호세아 선지자가 무엇을 이야기하고 있습니까? "그들은 번성할수록 내게 범죄하니 내가 그들의 영화를 변하여 욕이 되게 하리라"(7절). 믿는 사람들은 결국 늘 '두고 보자' 이러면서 살 수밖에 없습니다.

그들이 내 백성의 속죄제물을 먹고 그 마음을 그들의 죄악에 두는도다(8절).

타락한 제사장들

이스라엘 백성을 가르치고 말씀을 지도하는 제사장들이, 백성이 죄짓기를 기다립니다. 왜 그럴까요? 정신 나간 사람이 아니면 그럴 수가 있을까요? 그럴 수 있습니다. 그들이 죄를 지으면 무엇하러 옵니까? 속죄 제사를 드리려고 옵니다. 속죄 제사를 드리러 올 때는 빈손으로 오지 않습니다. 하나님 앞에 올 때에는 제물을 가지고 옵니다. 그러면 그 속죄제물을 누가 먹습니까? 제사장들이 먹습니다. 레위기 6장을 보면 그 속죄제물은 제사장들이 먹도록 되어 있습니다. 왜냐하면 그들은 세속적인 직업을 갖지 않고 온전히 하나님께만 헌신하도록 제도를 만드셨기 때문입니다. 그러므로 제사장들이 죄를 범한 백성들이 제물을 들고 오는 것을 기다리고 있는 것입니다. 하지만 제사장 잘못만이 아닙니다. 성도들도 잘못이 있습니다.

> 장차는 백성이나 제사장이나 동일함이라. 내가 그들의 행실대로 벌하며 그들의 행위대로 갚으리라. 그들이 먹어도 배부르지 아니하며 음행하여도 수효가 늘지 못하니 이는 여호와를 버리고 따르지 아니하였음이니라(9-10절).

먹어도 배부르지 않고 음행하여도 수효가 늘지 못한다는 말은, 부족했다는 말이 아니라 탐욕만 더 증가했다는 말입니다. 록펠러라는 대부호가 죽어가면서 친구들에게 "Just Little More!"(조금만 더)라고 했다지요.

부목사 시절, 우리집엔 화장실이 바깥에 있었습니다. 여러 집에서 한 화장실을 썼기 때문에 저와 아내는 교회 화장실을 쓰곤 했습니다. 그러다가 화장실이 안에 있는 사택으로 갔는데, 초반엔 자다가도 일어나서 화장실을 열어봤습니다. 그 정도로 기쁘고 좋았습니다. 지금은 하나가 아니라 두 개, 세 개였으면 하는 마음이 있습니다. 하나님을 떠나 있는 인간은 어쩔 수 없는 것 같습니다.

음행과 묵은 포도주와 새 포도주가 마음을 빼앗느니라(11절).

동양 사람들의 의식은 가슴에 있습니다. 그러나 서양 사람들의 의식은 머리에 있습니다. 여기 나오는 세 용어, 음행, 묵은 포도주, 새 포도주는 마음을 혼미하게 하는 것들입니다. 마음은 우리의 모든 인격이 머무는 자리입니다. 그것을 빼앗는다는 것입니다. 우리는 성령님 외에는 이 인격의 자리를 다른 어떤 것에도 이양해서는 안 됩니다. 그것은 영적인 간음이기 때문입니다.

그들이 산 꼭대기에서 제사를 드리며 작은 산 위에서 분향하되 참나무와 버드나무와 상수리나무 아래에서 하니 이는 그 나무 그늘이 좋음이라. 이러므로 너희 딸들은 음행하며 너희

며느리들은 간음을 행하는도다(13절).

왜 성적인 비유들이 나올까요? 하나님은 이스라엘을 자신의 사랑의 대상으로 삼으셨습니다. 그래서 그들이 어긋날 때마다 "음행한 이스라엘아, 음행한 이스라엘아" 하고 부르시며 배반에 대한 자신의 애끓는, 피맺힌 호소를 발하시는 것입니다.

이스라엘아 너는 음행하여도 유다는 죄를 범하지 못하게 할 것이라. 너희는 길갈로 가지 말며 벧아웬으로 올라가지 말며 여호와의 사심을 두고 맹세하지 말지어다(15절).

신앙의 정절

역사적인 배경을 보면 에브라임 지파를 중심으로 열 지파로 나뉘고, 유다 지파를 중심으로 두 지파로 나뉘었습니다. 그래서 북 이스라엘과 남 유다로 나라가 분열됩니다. 그러나 하나님이 다윗의 씨를 통해서 메시아를 보내주실 것을 약속하셨습니다. 그 약속의 기준이 유다에 있습니다. 세상이 어찌 돌아가든지 약속의 자녀는 그 약속을 붙들고 있으라는 말입니다. 세상이 자기 소욕을 따라 자기 기만에 빠져 허랑방탕하게 세월을 낭비하며 살찐 돼지처럼 형통하게 살지라도, 그것을 부러워하지 말고 메시아가 오실 소망을 붙들고, 장차 임할 하나님 나라의 도래를 기다리면서 신앙의 정절을 지키라는 말입니다.

길갈과 벧아웬은 북 이스라엘에서 아주 큰 우상 숭배의 중심지입니다.

그러나 원래부터 길갈이나 벧아웬이 그랬습니까? 그렇지 않았습니다. 가나안에 들어와서 430년간의 애굽으로부터 받은 수치, 그리고 광야 40년의 수치를 일시에 날려버린 곳, 그래서 모든 수치가 굴러갔다는 뜻의 지명으로 명명된 곳이 길갈이었습니다. 이런 길갈이 지금 가지 말아야 할 장소, 창기와 같은 도시, 음란한 도성으로 변해버리고 말았습니다. 또 '벧아웬'에도 올라가지 말라고 합니다. '벧아웬'은 허무한 집이라는 뜻입니다. 그러나 그 '벧아웬'의 원래 이름은 그렇지 않았습니다. 원래 이름은 하나님의 집이라는 뜻의 '벧엘'입니다. 그런 집이 허무한 집으로 바뀌었습니다. 왜 그랬을까요? 형식만 남았기 때문입니다. 유명有名, 이름은 있으나, 무실無實, 내용이 없는 것입니다. 오늘날 '벧엘'이라고 생각하지만, 사실 벧아웬이 된 교회가 많습니다. 또 어떤 교회든지 그런 가능성은 얼마든지 있고 또 어떤 성도든지 '벧아웬'이 될 수 있습니다.

이스라엘은 완강한 암소처럼 완강하니 이제 여호와께서 어린 양을 넓은 들에서 먹임 같이 그들을 먹이시겠느냐(16절).

포기하시는 하나님

상당히 시적인 비유입니다. 내가 아무리 이스라엘을 길들여 옳은 길로 인도하려 해도 이제는 너무 완강한 암소처럼 되어버렸다. 그런 종자들을 대상으로 내가 어떻게 넓은 들에서 목동이 양 떼를 대하듯 너희를 인도할 수 있겠느냐. 못 한다는 말씀입니다. 뜻을 알고 나면 섬뜩한 말씀입니다. '난 이제 너희들을 포기했다', '이제 간섭하지 않겠다'는 뜻입니다. 성도들에게 가장 무서운 심판의 말씀은, 하나님이 '이제 간섭하지 않겠다'고 하실 때입니다. '암소'에 관한 언급은 이런 배경에서 나오는 것입니다. 소는 이스라엘 사회에서 가장 중요한 농경 도구입니다. 이 소를 부려 밭을 매려면 소에 멍에를 씌우고 코뚜레를 뚫어야 합니다. 그런데 이스라엘이 하나님의 말씀과 율법에 전혀 응하지 않고 저항하고 있는 것입니다.

하나님이 우리를 당신의 백성으로 만드는 데 여러 가지 방법이 있지만, 가장 강력한 방법은 우리의 의지와 마음대로 살지 못하도록 항상 코뚜레를 채우고 멍에를 매게 하시는 겁니다. 사명을 주시는 것입니다. 이것을 이스라엘 백성이 싫다고 한 것입니다. 그러니까 하나님이 나도 못하겠다고 하시는 것입니다.

> 에브라임이 우상과 연합하였으니 버려두라. 그들이 마시기를 다 하고는 이어서 음행하였으며 그들은 부끄러운 일을 좋아하느니라. 바람이 그 날개로 그를 쌌나니 그들이 그 제물로 말미암아 부끄러운 일을 당하리라(17-19절).

고쳐주시는 하나님

에브라임은 이스라엘의 가장 대표적인 지파를 말합니다. 여기서 마지막 절에 "바람이 그 날개로"라는 표현이 나옵니다. 하나님이 얼마나 사랑이 많으신 분인가 하면 "나는 이제 너희를 모른다"고 하셨어도 금방 '내가 어떤 대가를 치르게 하고서라도 너희를 고치마' 하고 마음을 바꾸신다는 겁니다. 약간 더 설명이 필요할 것 같은데, 먼저 신명기 32장 11-12절을 보겠습니다.

마치 독수리가 자기의 보금자리를 어지럽게 하며 자기의 새끼 위에 너풀거리며 그의 날개를 펴서 새끼를 받으며 그의 날개 위에 그것을 업는 것 같이 여호와께서 홀로 그를 인도하셨고 그와 함께 한 다른 신이 없었도다.

새의 왕 독수리는 새끼를 기를 때 독특한 방법을 사용합니다. 첫째는 보금자리를 흩어놓는 것입니다. 독수리는 대개 둥지를 깎아지른 절벽에 짓습니다. 그러고 나서 일정한 기간이 지나면 아직 어린 새끼들이지만 보금자리를 확 흩습니다. 둥지에서 더 이상 안주하지 못하도록 안락을 거둡니다. 그러면 아직 날갯짓도 못하는 새끼들이 후두두둑 아래로 떨어집니다. 땅에 곤두박질하기 전에, 쏜살같이 날아서 등에다가 그 새끼를 업습니다. 한 번으로 끝내는 것이 아니라 스스로 강해질 때까지 계속합니다. 이것이 독수리가 새끼를 양육하는 방법입니다. 하나님이 지금 이스라엘의 패역에도 불구하고 이렇게 해주시겠다고 하는 것입니다.

예배자가 걷는 길

1. 본문이 말하는 '지식'은 '그'라는 관사가 붙은 지식입니다. 이 지식의 특성과 효용은 무엇인가요? 왜 신앙의 중요한 요소 가운데 하나가 지식입니까?
2. 이 장에서는 이스라엘의 타락한 제사장들의 소행을 어떻게 묘사하고 있습니까? 왜 이런 영적인 어둠이 이스라엘을 덮쳤을까요?
3. 우리 신앙에는 적절한 형식이 필요합니다. 그래야 표출과 표현이 가능하기 때문입니다. 그러나 이 형식이 정립될 때까지 도리어 어떤 일이 일어납니까?
4. 배신과 모욕에도 하나님은 에브라임을 어떻게 대하겠다고 하십니까? 그 상징은 무엇이며, 핵심적인 메시지는 무엇입니까?

예배자가 읽는 책

팀 켈러Tim Keller의 *Counterfeit Gods*, 베일G. K. Beale의 *We Become What We Worship*의 일독을 권합니다. 켈러의 책은 우리가 돈, 섹스(환락), 권력, 소비 지상주의 등 하나님 아닌 것들을 하나님처럼 떠받드는 일종의 지성적, 정신적, 영적인 착란에 빠져 있다고 통렬히 지적합니다. 베일은 이사야서를 중심으로 창세기부터 계시록 전체에서 지적하는 우상 숭배의 특성이 무엇인지를 밝히면서, 현대의 우상 숭배에 대해서도 일침을 가합니다.

05

당신이 나를 구속하셨습니다

사랑의 수고: 승리를 위해 반드시 거쳐야 할 관문

호세아 5:5-15

이스라엘의 교만이 그 얼굴에 드러났나니 그 죄악으로 말미암아 이스라엘과 에브라임이 넘어지고 유다도 그들과 함께 넘어지리라. … 그들이 그 죄를 뉘우치고 내 얼굴을 구하기까지 내가 내 곳으로 돌아가리라. 그들이 고난 받을 때에 나를 간절히 구하리라.

이 땅에 사는 우리에겐
참된 신앙의 기백이 있어야
합니다. 역사와 인류 속에
나 하나만 존재하더라도
하나님은
틀림없이 예수 그리스도를
이 땅에 보내어 나를
구속하셨을 것이라는
확신과 믿음이 필요합니다.

신앙인의 모습

새소리를 듣고 싶으면 어떻게 하면 좋을까요? 산에 가서 새를 무턱대고 잡으면 자연보호법에 걸립니다. 가장 좋은 방법은 나무를 심는 것입니다. 맑은 샘물을 마시고 싶으면 샘물을 파야 하는 것이 당연한 이치입니다. 신앙생활은 몸으로 하는 것입니다. 나무를 심고, 우물을 파는 것, 이것이 신앙인이 취해야 할 모습입니다. 실천이 따르지 않는 신앙의 병폐를 호세아가 고발합니다.

이스라엘의 교만이 그 얼굴에 드러났나니 그 죄악으로 말미암아 이스라엘과 에브라임이 넘어지고 유다도 그들과 함께 넘어지리라(호 5:5).

여기서 교만이라고 번역된 말은 히브리어로 된 성경에는 5-6가지의 단어로 표현됩니다. 그러나 이 본문에 사용된 교만이라는 히브리말은 '자기 영광에 도취돼 우쭐함'이라는 뜻입니다. 그러면 이스라엘의 영광이 도대체 어떤 것이었기에 이 백성이 스스로 도취하게 되었는지 물어야겠습니다. 이때가 여로보암 2세 치하입니다. 이스라엘은 이미 남북으로 갈라진 이후입니다.

자기 영광에 도취한 백성

에브라임은 별도의 나라나 지파를 말하는 것이 아니라, 북 이스라엘의 별칭입니다. 이스라엘을 나쁜 시각에서 말할 때 에브라임이라는 표현을 씁니다. 그런데 그들이 넘어질 때 유다도 저희와 함께 넘어진다고 합니다. 유다는 남쪽 유다를 말합니다.

그러면 도대체 에브라임, 북 이스라엘이 자기 영광에 도취된 상태가 무엇이었는지 밝혀보도록 하겠습니다. 여로보암 2세 때는 군사적으로 가장 막강했을 시기입니다. 그러다 보니 이스라엘 역사상 영토가 가장 넓었을 때입니다. 영토가 넓다보니 주변의 크고 작은 부족국가나 도시국가에서 받아들이는 공물이나 세금들이 어마어마했습니다. 그러니 자연히 부귀가 생깁니다. 영광이 생깁니다. 그러나 불행히도 그 모든 형통과 군사의 힘, 영토의 확대와 그들의 부귀와 성취된 업적, 영광을 자기들이 잘나서 이루고 만든 것으로 이해하기 시작했습니다. 이 백성이 교만에 빠졌다는 이야기입니다. 이 교만이라는 히브리말이 뜻하는 것은 자기 영광에 도취된 상태라는 것입니다.

한반도의 군사위기는 2010년의 연평도 포격만이 아닙니다. 한반도의 군사적 대치를 다루는 전문가들의 말을 들어보면, 정말 일촉즉발의 대치 상황에서 설명할 수 없는 계기에 의해서 대치가 해소되곤 했다는 것입니다. 지난 60년간 수십 번도 넘는 전쟁 일보 직전의 상황에서 극적으로 갈등이 풀어진 일이 많았다는 것입니다. 우리 믿는 사람들은 하나님이 그 위기 때마다 이 민족을 불쌍히 여기셔서 불구덩이 속에서 막아주신 것이라 믿습니다. 이 땅의 영화와 부귀는 우리가 잘나서 이룬 것이 아닙니다. 불행히도 남한의 백성이 60년을 지나오면서 이스라엘 백성의 교만처럼 자기 영광에 도취되어 있었습니다. 우리가 수출을 잘해서, 달러를 많이 벌어서, 개발을 잘해서 그렇게 되었다고 자기 영광에 도취됐습니다. 그래서 마구 쓰기 시작했고 교만을 떨기 시작했습니다. 정말 큰 위기가 아닐 수 없습니다.

그들이 양 떼와 소 떼를 끌고 여호와를 찾으러 갈지라도(6절).

왜 양 떼와 소 떼를 끌고 여호와를 찾습니까? 제사 지내기 위해서입니다. 그러나 어떻게 되었습니까? "만나지 못할 것은 이미 그들에게서 떠나셨음이라"(6절). 하나님이 사람에게서 떠나셔도 사람이 형통한 것은 도축할 돼지에게 여물을 주는 것이나 마찬가지입니다. 표현이 좀 과격하지만, 살찐 돼지를 부러워하는 일이 없어야겠습니다. 하나님의 침묵은 무서운 것입니다. 말라기 선지자는 더 심하게 말합니다. "만군의 여호와가 이르노라. 너희가 내 제단 위에 헛되이 불사르지 못하게 하기 위하여 너희 중에 성전 문을 닫을 자가 있었으면 좋겠도다. 내가 너희를 기뻐하지 아니하며 너희가 손으로 드리는 것을 받지도 아니하리라"(말 1:10)고 하나님의 말씀을 전합니다. 여호와 앞에 나와서 종교적인 형식만 자꾸 쌓지 말고 들으라는 것입니다. 순종하라는 말입니다.

공부 못하는 아이와 공부 잘하는 아이 중에 누가 공부 생각을 더 많이 할 것 같습니까? 공부 못하는 아이가 언제나 공부 생각을 더 합니다. 그 아이는 늘 결심만 합니다. 공부해야지 하고, 새해가 되면 혈서를 씁니다. "인내는 쓰고 열매는 달다." 그러나 또 빈둥거리며 놉니다. 그러면 그다음

날 머리를 깎습니다. 그다음 달은 머리띠를 두릅니다. 만날이 결심만 하다가 세월이 다가는 것입니다. 결심과 각오는 공부 못하는 아이가 더 하게 되어 있습니다. 우리 신자들의 생활도 이와 똑같습니다. 언제나 결심만 하다가 끝나는 삶은 신앙이 아닙니다.

더 놀라운 착각은 결심이 신앙인 줄 안다는 것입니다. 결심이 곧 실력인 줄 압니다. 각오하고 결심했다고 신앙 실력입니까? 내가 하나님 앞에 진심을 갖고 있다고 그것이 신앙 실력입니까? 아닙니다. 내가 하나님 앞에 정성이 있고 진심이 있고 결심을 했다고 그것 자체가 신앙 실력이 될 수는 없습니다. 신앙이 무엇입니까? 영어 단어 하나라도 더 외우는 것이 실력이듯이, 반쪽의 말씀이라도 실천하는 것이 신앙의 실력입니다.

그들이 여호와께 정조를 지키지 아니하고 사생아를 낳았으니 그러므로 새 달이 그들과 그 기업을 함께 삼키리로다(7절).

건너야 할 신앙의 강

하나님이 우리를 신부로 대접하셨습니다. 신부이면 남편의 자식을 낳아야 될 것 아닙니까? 그러나 사생아를 낳았습니다. '새 달'이라는 말은 월삭과 모든 절기를 포함한 모든 제사를 의미합니다. '그들과 그 기업'에서 이스라엘 백성의 기업은 무엇입니까? 그들의 기업은 분배받은 땅입니다. 그 기업을 함께 삼킨다는 말은, 다시 말해서 땅이 무가치하게 된다는 뜻입니다.

이스라엘 백성이 건너지 못했던 신앙의 강이 있었습니다. 그들은 항상 결심만 하고 울었습니다. 언제나 제사를 드렸습니다. 그러나 다음의 말씀을 살펴봅시다.

너희는 이 땅의 주민과 언약을 맺지 말며 그들의 제단들을 헐라 하였거늘 너희가 내 목소리를 듣지 아니하였으니 어찌하여 그리하였느냐. 그러므로 내가 또 말하기를 내가 그들을 너희 앞에서 쫓아내지 아니하리니 그들이 너희 옆구리에 가시가 될 것이며 그들의 신들이 너희에게 올무가 되리라 하였노라. 여호와의 사자가 이스라엘 모든 자손에게 이 말씀을 이르매 백성이 소리를 높여 운지라. 그러므로 그 곳을 이름하여 보김이라 하고 그들이 거기서 여호와께 제사를 드렸더라(삿 2:2-5).

하나님의 말씀에 청종치 않는 이스라엘 백성에 대한 징계입니다. 가나안 땅 거민들을 쫓아내지 않아 그들의 국가적 삶에 방해물이 되겠다고 하시니 그들이 보인 첫 번째 반응은 눈물이었습니다. 운 다음에는 예배를 드렸습니다. 얼핏 볼 때는 회개한 것처럼 보이나, 이후의 사건들을 추적해 보면 진정한 회개를 한 것이 아닙니다. 그냥 한 번 울었을 뿐입니다. 그냥 또 한 번 제사를 드렸을 뿐입니다. 처참할 정도로 타성에 지배받는 모습을 보여줍니다. 우리도 이런 신앙의 함정에 빠져 있습니다. 늘 웁니다. 그러나 전혀 생활은 변하지 않습니다. 하나님이 오늘 이 본문에서 이스라엘에게 지적하고 싶은 것은 바로 그 대목입니다. 거기서 얼마나 울었던지 그곳의 이름을 보김이라 했습니다. 그러나 돌이킨 곳이 아니라 그냥 울기만 한 곳입니다. 결심했다고 신앙생활이 아니듯이 울었다고 회개가 아닙니다. 삶이 고쳐진 흔적과 자국이 있어야 합니다.

새 달이 그들과 그 기업을 함께 삼키리로다(호 5:7b).

여기서 말하는 기업은 땅이라고 했습니다. 땅은 백성의

진정한 가치

모든 최종적인 가치입니다. 그러나 그 가치를 함께 삼킨다고 했습니다. "무의미하게 만들어버리겠다"는 것입니다. 이것이 얼마나 무서운 말인가 하면, 오늘날엔 남이 알아주고 박수 많이 받는 것이야 가치 있는 것으로 생각합니다. 그래서 서울 법대 나와서 법관 하다가도, 변호사 하다가도 그만두고 탤런트 한다고, 개그맨 한다고 가수 한다고 그럽니다. 왜 그렇습니까? 그것이 오늘 이 땅의 가치이기 때문에 그렇습니다. 오늘 이 땅 사람들의 가치는 무엇입니까? 남이 박수쳐주고 많이 알아주는 것입니다. 많은 수입이 보장되는 것입니다. 그러나 인류의 역사를 보면 진정한 가치는 언제나 변하지 않았습니다. 그리고 진정한 가치는 언제나 사람들이 알아주지 데 있지 않았습니다. 그러나 하나님과 교제를 끊은 그 인생들에게는 그들이 최고의 가치인 줄 알고 좇았던 모든 것들을 무의미하게 만들어버리시겠다는 것입니다.

무의미의 형벌

무의미라는 형벌이 얼마나 무서운 형벌인지 시지프스 신화를 보면 알 수 있습니다. 시지프스가 하데스에게 벌을 내리는데, 높은 바위산 기슭에 있는 큰 바위를 산꼭대기까지 밀어올리라는 것입니다. 이에 시지프스는 온 힘을 다해 바위를 꼭대기까지 밀어올립니다. 바로 그 순간 바위가 제 무게만큼의 속도로 굴러떨어지고 시지프스는 다시 바위를 밀어올려야만 했습니다. 그 이유는 하데스가 "바위가 늘 그 꼭대기에 있게 하라"고 명령했기 때문입니다. 다시 올려놓으면 돌이 떼굴떼굴 아래로 굴러떨어지고 다음에 또다시 돌을 굴려 올리곤 합니다. 하루 종일 그것만 합니다. 그것이 무엇을 우리에게 말해줍니까?

무의미입니다. 하루 종일 돌을 굴렸다가 떨어뜨렸다가 굴렸다가 떨어뜨렸다가 하는 무의미한 행동을 말합니다. 그것이 악마가 주는 가장 무서운 형벌이었습니다. 일생 동안 '정말 이것이다'라고 가치를 두고 좇았었는데 의미가 없어진다고 생각해보십시오. 중년의 때에 찾아오는 가장 큰 허탈감은 무엇입니까? 내가 무엇 때문에 이렇게 살았는가 하는 회의가 찾아오는 것입니다. 이것을 인생의 중반기를 살아가는 사람들이 가장 못 견뎌하는 것입니다. 내가 이제까지 붙들고 땀 흘리고 좇았던 것들이 의미 없다는 생각이 들었을 때 목숨을 끊고 자살을 하기도 합니다. 이것이 중년의 사람들에게 찾아오는 가장 큰 심리적인 위기, 허탈감입니다. 그래서 우리는 자녀들을 좀 더 큰 용량으로 키울 필요가 있습니다.

젊은 날은 작품이 완성되는 시기가 아닙니다. 우리 어른들은 젊은이들에 대해서 좀 더 인내하고 기다려줄 필요가 있습니다. 그러나 그러기에는 부모의 사랑이 너무 조급합니다. 부모로서 가장 잘해야 되는 것이 기다려주는 것입니다. 한참 자라고 있는 자녀들은 용량과 크기가 만들어지는 시기이지 작품이 완성되는 시기가 아니기 때문입니다. 일단 나무가 커야 작품 만들기가 편하고 좋은 작품이 나올 수 있습니다. 그러나 나무가 손바닥만 하면 그것으로는 작품을 만들기야 하겠지만 아주 힘이 듭니다. 애를 먹습니다. 젊은이들이 용량이 커야 한다는 것은 분량만을 말하는 것이 아니라 넓은 마음, 넓은 사고, 넓은 경험을 의미합니다. 하나님이 젊은 날에 특권을 주셨는데 그 특권이 무엇인 줄 아십니까? 바로 열정입니다. 열정 없이는 그 어떤 것도 경험하려고 하지 않습니다. 벌써 장년 나이만 넘어가도 열정이 사라져 이리저리 재고 조심하게 됩니다. 나이 사십만 넘어가도 그렇게 됩니다. 왜 젊은이들에게 열정을 주셨습니까? 많은 것을 경험해서 큰 나무가 되라고 주신 것입니다. 그러나 우리는 나무도 아직 안 되었는데 거기에다 조각을 하려니까 어려운 것입니다. 그것이 될 리가 없지요. 부모의 사랑으로서 인내심을 가지고 연습해야 될 부분이 바로 기다림입니다.

너희가 기브아에서 뿔나팔을 불며 라마에서 나팔을 불며 벧아웬에서 외치기를 베냐민아 네 뒤를 쫓는다 할지어다(8절).

경고의 나팔

여기에 기브아와 라마라는 동네가 나옵니다. 이 두 지역은 남 유다와 북 이스라엘의 국경선입니다. 국경선 중에서도 가장 높은 고지대입니다. 그러나 기브아에서 부는 것이 다르고 라마에서 부는 것이 다릅니다. 기브아에서는 뿔나팔을 불라고 되어 있습니다. 영어 성경에 보면 코넷cornet이라고 되어 있는데 이 코넷은 전쟁이 벌어질 경우 경고로 부는 나팔입니다. 그러나 라마에서는 무엇을 불라고 했습니까? 나팔을 불라고 했습니다. 이 나팔은 트럼펫을 말합니다. 오늘날과 같은 트럼펫은 아니지만 그런 유형의 관악기를 말합니다. 이 관악기는 군사들을 움직이고 이동시킬 때 가장 많이 씁니다. 지금 이 기브아와 라마에서 각각 뿔나팔과 나팔을 불어 이제 막 영적인 전쟁, 심판이 일어날 것을 예고하며 백성에게 속히 움직이게 하고 있습니다. 그대로 있지 말라는 뜻입니다.

하나님의 진노가 쏟아짐

"벧아웬에서 외치기를 베냐민아, 네 뒤를 쫓는다 할지어다"라는 구절을 살펴보겠습니다. 베냐민은 예루살렘 도성이 있는 지파의 땅입니다. 예루살렘에는 이스라엘 백성이 가장 소중히 여기는 성전이 있습니다. 여기서 하나님의 경고의 핵심은, 예루살렘 성전에서 벌어지는 백성의 반역과 패역 그리고 불순종, 아울러 의미 없이 드리는 예배입니다. 이런 것들에 대해 "베냐민아, 네 뒤를 쫓는다 할지어다"라고 외친다는 것입니다. 이 모든 것이 다 무너지고 하나님의 심판 속에 넘어질 것이라는 경고입니다.

> 벌하는 날에 에브라임이 황폐할 것이라. 내가 이스라엘 지파 중에서 반드시 있을 일을 보였노라. 유다 지도자들은 경계표를 옮기는 자 같으니 내가 나의 진노를 그들에게 물같이 부으리라(9-10절).

촛대를 옮기시는 하나님

여기 두 가지 의미를 조심해서 보아야 합니다. 경계표는 랜드마크인데 땅을 경계하는 표시입니다. 신명기를 보면 이스라엘 백성은 하나님이 분배해준 땅에서 경계표를 함부로 옮겨서는 안 되었습니다. 그런데 여기 "유다 지도자들은 경계표를 옮기는 자 같으니 내가 나의 진노를 그들에게 물같이 부으리라"고 하십니다. 하나님이 경계표를 옮기신다고 했습니다. 이 말은 하나님의 은총의 촛대가 떠난다는 뜻입니다. 소아시아의 일곱 교회에서 하나님의 촛대가 떠나자 그 지역이 이슬람 지역으로 바뀌었습니다. 이 현실을 보며 저는 또 한 지역이 떠올랐습니다. 과거 아시아의 예루살렘이라고 불리던 대동강변의 도시, 평양이 지금 어떻게 되었습니까? 인류 역사에서 그 유래를 찾아볼 수 없는 일당 독재 아래 백성이 신음하고 있습니다. 하나님이 경계표를 옮겨버린다는 것은 무서운 형벌이요, 저주이고, 경고입니다. 이것을 우리가 기억해야 합니다.

이어지는 말씀을 보십시오. 하나님의 진노를 그들에게 물같이 붓는다고 했습니다. 이 말씀을 좀 더 실제적으로 이해하기 위해서는 히브리인들이 사용하는 시적 표현을 이해해야 합니다. 히브리인들은 진노에 관해 말할 때 두 가지로 표현합니다. 물같이 붓는다와 불같이 사른다는 것입니다. 불같이 사른다는 표현은 그냥 하나님의 진노를 나타낼 때

쓰는 표현입니다. 그러나 물같이 붓는다고 말할 때는 불같이 사르는 하나님의 진노가 차고 또 넘친다는 뜻입니다. 어느 것이 더 센 것입니까? 물같이 붓는다는 표현이 더 살벌한 경고입니다. 이만큼 하나님의 분노와 진노가 백성을 향하여 가득 차 있습니다.

> 에브라임은 사람의 명령 뒤따르기를 좋아하므로 학대를 받고 재판의 압제를 받는도다(11절).

부질없고 무가치한 것

에브라임이 뒤따르는 명령을 '사람의 명령'이라고 했는데, 원문을 자세히 살피면 '무가치한 명령'이라고 번역하는 편이 낫습니다. 그러니까 이스라엘 백성이 이제까지 무가치한 것을 좇느라 세월을 낭비했다는 말입니다. 우리 현대인들에게 얼마나 정확한 경고입니까? 오늘날 이 땅의 사람들이 전부 소멸될 것, 부질없고 무가치한 것들을 쫓아다님으로써 거기에 노예가 되어 있습니다. 사람들은 정보화 시대라고 해서 속도를 우상화하고 있습니다. 좀 더 빠른 것이 돈입니다. 그것이 삶을 얼마나 얽어매고 있습니까? 이제는 라면도 1분 라면입니다. 이만큼 사람들이 빠른 것을 좋아

합니다. 빠른 것이 가치입니다. 빠른 것에 뒤지면 무가치한 인간이 되는 양 성공과 실패를 걸고 있습니다. 좀 더 많은 정보를 좀 더 빨리 획득하는 것이 이 땅의 가치입니다. 우리 성도들이 간구해야 할 것은, '하나님, 정말 가치 있는 것을 볼 수 있는 눈을 열어 주시옵소서. 가치 있는 것을 가치 있게 볼 수 있는 마음을 주시옵소서'입니다.

> 그러므로 내가 에브라임에게는 좀 같으며 유다 족속에게는 썩이는 것 같도다. 에브라임이 자기의 병을 깨달으며 유다가 자기의 상처를 깨달았고(12-13절a).

인간의 완악함

이제야 자기가 망한 존재인 줄을 알았습니다. 그러나 13절 중반에 보면 이런 말씀이 나옵니다. "에브라임은 앗수르로 가서 야렙 왕에게 사람을 보내었으나 그가 능히 너희를 고치지 못하겠고 너희 상처를 낫게 하지 못하리라."

이것이 끝까지 돌이키지 않는 어리석은 인간의 완악함입니다. 사람은 불행히도 꼭 겪고 나서야 그것을 압니다. 그러나 14절을 보면 이렇게 말씀하십니다. "내가 에브라임에게는 사자 같고 유다 족속에게는 젊은 사자 같으니." 여기서 사자 같다는 말은 하나님의 진노의 표현입니다. 그러나 왜 에브라임에게는 그냥 사자 같고 유다에게는 젊은 사자라고 했습니까? 유다는 하나님이 사랑하시는 지파임에도 하나님 앞에 죄를 범하는 것에 대해서 하나님이 더 큰 분노와 진노를 느끼시는 것입니다. 구약성경에도 피 묻은 복음과 은혜가 우리에게 들추어집니다.

그들이 그 죄를 뉘우치고 내 얼굴을 구하기까지 내가 내 곳으로 돌아가리라(15절a).

포기하지 않으시는 하나님

이것이 자녀들을 결코 포기하지 않으시는 하나님의 사랑입니다. 기다리는 사랑입니다. 부수고 망가뜨려서라도 이들을 돌이키겠다는 것이 아닙니다. 연인처럼 애타지만 묵묵히 기다려주십니다. 우리가 먼 길로 가면 그것을 잠잠히 지켜보십니다. 터지고 헤매고 돌아다닐 때 하나님은 돌아올 때까지 시간을 주십니다. "그들이 고난 받을 때에 나를 간절히 구하리라"(15절b). 이렇게까지 하나님은 기다리십니다. 치유와 회복이 백성을 위한 하나님의 궁극적인 목적이었습니다.

〈벤허〉는 정말 명작입니다. 벤허에서 '벤*Ben*'은 히브리 말로 아들이라는 뜻이고, '허'는 영어로 Hur라고 쓰여 있습니다. 구약성경의 모세가 손을 들고 기도할 때 피곤하여 내리니까 아론과 훌이 들어올립니다. Hur는 훌이라는 뜻입니다. 그래서 벤허는 '훌의 자손'이라는 뜻입니다. 훌의 자손인 벤허가 노예 선에서 노를 젓다가 해전이 벌어집니다. 처음에는 로마가 지는 것 같았습니다. 전단戰團의 대장이 싸움에서 진 줄 알고 자살하려고 할 때 벤허가 구해줍니다. 나중에 그 싸움이 로마의 대승임을 알고 벤허를 자신의 양아들로 삼습니다. 그 대장이 벤허에게 참 가슴 설레는 말을 남깁니다. "네가 믿는 하나님은 너를 구원하기 위하여 로마에 승리를 주었구나!" 우리에게 이런 신앙적 기백이 있어야 합니다. 이 세상에 나 하나만 존재한다 할지라도 하나님은 틀림없이 예수 그리스도를 이 땅에 보내어 나를 구속하셨을 것이라는 그런 믿음이 필요한 것입니다. 이것은 우리의 신념에서 나온 공식이 아니라, 하나님의 사랑이 정말 이런 특성을 지니고 있기 때문인 것입니다.

예배자가 걷는 길

1. 신앙은 고난과 영광의 혼합입니다. 고난이 빠진 신앙생활이 북이스라엘에 초래한 병폐는 무엇이었습니까? 우리는 오늘날 이러한 악성 전염병을 어떻게 피할 수 있습니까?
2. 우리는 결심과 각오, 그리고 진심을 신앙과 동일시합니다. 이런 시각의 허점은 무엇인가요? 무엇이 바른 신앙의 척도인가요?
3. 참 회개와 정서적 속풀이는 어떻게 다른가요? 왜 이스라엘은 보김에서 그렇게 울고도 삶이 고쳐지지 않았습니까?
4. 기다림은 하나님의 사랑의 중요한 표현인가요? 우리는 이 기다림을 무엇과 혼동하지 말아야 합니까?

예배자가 읽는 책

존 파이퍼의 《삶을 허비하지 마라*Don't Waste Your Life*》를 권합니다. 사실 파이퍼의 책은 평이하면서도 설교자의 심성과 시각에서 신앙의 중요한 문제들을 건드려주고 있지요. 이 책은 우리 인생의 목표가 일 조금 시키고 돈 많이 주는 직장에 다닌다거나 일찌감치 은퇴해서 관광 명소나 다니다 끝나는 것이 아님을 역설합니다. 인생을 허비하지 않는다는 말은, 사랑할 바른 대상과 사랑으로 나아가야 할 삶의 자리들을 찾았다는 것이 아닐까요.

제임스 패커의 《거룩의 재발견*Rediscovering Holiness*》은 대가의 펜 끝을 빌려 거룩이 우리 신앙의 중심이며, 우리가 고민하며 걸어가는 신앙의 길임을 알려줍니다. 호세아서가 고발하고 있는 부패한 이스라엘은 결국 이 거룩에서 떠난 것이지요.

06

다친 곳을 싸매는 손길

사랑의 성숙: 찢기고 상한 시간이 없었다면

호세아 6:1-3

오라, 우리가 여호와께로 돌아가자. 여호와께서 우리를 찢으셨으나 도로 낫게 하실 것이요 우리를 치셨으나 싸매어 주실 것임이라. 여호와께서 이틀 후에 우리를 살리시며 셋째 날에 우리를 일으키시리니 우리가 그의 앞에서 살리라. 그러므로 우리가 여호와를 알자. 힘써 여호와를 알자. 그의 나타나심은 새벽 빛같이 어김없나니 비와 같이, 땅을 적시는 늦은 비와 같이 우리에게 임하시리라 하니라.

여호와가 우리 인생
가운데 계시면, 우리
마음속에 하나님의 영광이
떠오르기 시작하면,
분노, 원망, 절망, 시련,
회의, 고통 등 모든
어둠의 권세들이
다 걷히고 맙니다.

6장은 호세아서의 클라이맥스라 생각하면 됩니다. 그 첫머리가 '오라'입니다. 누가복음 15장에 보면 자기 몫의 재산을 챙겨 집을 떠난 탕자의 비유가 나옵니다. 성경의 전체 흐름을 잘 보면 탕자의 결핍이 아버지의 집을 떠나면서부터 찾아온 것을 볼 수 있습니다. 탕자는 돈을 들고 나가 멋지게 꿈을 펼치려 했던 것 같습니다. 그러나 세상은 탕자에게 궁핍이 무엇인가를 가르쳐주었습니다. 세상은 그에게서 모든 것을 빼앗았습니다. 반대로 아들에게서 근본적인 결핍이 물러가는 순간은 아버지의 집으로 돌아오는 바로 그 시간부터였습니다. 그래서 탕자 비유의 주제는 탕자의 귀향이 아닙니다. 오히려 그런 아들일지라도 기다리는 아버지의 마음에 초점이 있습니다.

영적 기갈과 궁핍

이스라엘 백성의 영적인 기갈과 궁핍은 언약의 하나님이신 여호와를 떠나는 그 순간부터였습니다. 그러나 하나님은 '오라'고 부르십니다. 하지만 그들은 어딜 가지 않았습

그리스도인의 함정

니다. 여전히 이스라엘 안에 있습니다. 몸이 아니라 죄악된 관습에서 생각과 마음을 돌이키고 돌아오라는 말입니다. 그다음에 무슨 말씀이 이어집니까? "오라, 우리가 여호와께로 돌아가자." 지금 누가 이 말을 하고 있습니까? 호세아가 하고 있습니다. 이것이 우리 신자들과 교회의 자세여야 합니다. 호세아 선지자는 돌아와 회개해야 할 대상 속에 자기를 빠뜨리지 않았습니다. 도탄에 빠진 나라를 바라보면서 교회나 그리스도인들이 빠지기 쉬운 함정은 대책 없는 비난이나 비평만 해대기 쉽습니다. 여호와께로 돌아가자는 호소 속에 나도 포함되어야 합니다. 우리는 대책 없는 정죄와 비판만을 일삼아서는 안 됩니다. 먼저 내 옷을 찢고, 의인 열 명을 위해서 기도하기보다 그 열 명 중에 내가 포함되기를 기도해야 합니다.

> 오라, 우리가 여호와께로 돌아가자. 여호와께서 우리를 찢으셨으나 도로 낫게 하실 것이요, 우리를 치셨으나 싸매어 주실 것임이라(호 6:1).

저는 이 말씀을 믿습니다. 우리의 병든 몸, 혹은 한국전쟁 이후 최대의 난국이라고 말하는 국가의 어려운 상황, 아니 그 무엇이건 하나님이 찢으셨고 흩으셨다면 하나님만이 그 상황을 회복시키고 온전케 하실 분이심을 저는 믿습니다. 출애굽기 15장 26절에 보면 "나는 너희를 치료하는 여호와임이라"는 말씀이 나옵니다. 저는 가끔 방송에서 상담 프로그램을 듣습니다. 종종 완전 밑바닥까지 내려간 사람들의 이야기가 나옵니다. 갑갑한 것은, 세상에서 말하는 상담으로는 원인 치료가 안 된다는 것입니다. 예를 들어서 머리가 아프면 진통제를 먹습니다. 그러면 두통은 사라질지 모르지만 원인 치료는 안 됩니다. 두통만 다스리는 것입니다. 그러나 여호와는 어떤 여호와입니까? "우리를 찢으셨으나 도로 낫게 하실 것이요. 우리를 치셨으나 싸매어 주실 것임이라." 이것이 오늘 여러 가지 상황으로 병들고 멍든 우리를 향한 하나님의 약속입니다.

여호와께서 이틀 후에 우리를 살리시며 셋째 날에 우리를 일으키시리니 우리가 그의 앞에서 살리라(호 6:2).

이틀 후에 우리를 살리시며 셋째 날에 우리를 일으키신

다는 말의 의미는 부활하신 예수 그리스도를 통한 회복을 말씀하시는 것입니다. 기독교는 십자가에서 끝나는 종교가 아닙니다. 기독교는 예수 그리스도의 부활이 있는 종교입니다. 예수 그리스도께서 부활의 첫 열매가 되심으로 우리도 온전히 그 다음 열매로 약속되어 있는 것입니다. 2절에서 '살리시며'는 우리가 일반적으로 말하는 구원이 아닙니다. 이 말씀은 이미 근본적인 구원을 받은 성도들에게 하시는 말씀입니다. 이 구절의 '살리시며'는 온전한 삶을 말합니다. 창세기 17장에서 13년 만에 침묵을 깨고 나타나신 하나님이 아브라함에게 "너는 내 앞에서 행하여 완전하라"고 말씀하신 것 역시 온전한 삶을 말합니다. 여호와 앞에서 살라는 말입니다. 로마서 1장 17절에도 "오직 의인은 믿음으로 말미암아 살리라" 하고 말씀하셨는데, 이때의 '살리라'도 구원을 말하는 것이 아니라, 구원 받은 백성, 즉 의인으로 간주된 성도는 믿음으로 살아야 한다는 말입니다.

왜 믿음이 필요합니까? 실제 우리 앞에 보이는 것들은 불확실합니다. 모두 소망을 붙들고 사는 것이기에 믿음이 필요합니다. 베드로가 물 위를 걷다가 갑자기 바람과 파도가 몰아쳐서 빠졌던 것이 아닙니다. 이미 베드로는 물 위로 내려서 걸었습니다. 문제는 마음속의 의심 때문이었습니다. 의심은 왜 생깁니까? 예수 그리스도에 대해서 정확한 지식과 앎이 없었기 때문입니다. 믿음의 가장 중요한 근거는 의지적인 확신이 아니라, 내가 얼마나 하나님을 인지하고 경험하고 있는가 하는 것입니다. 다섯 달란트, 두 달란트, 한 달란트를 맡았던 청지기들도 마찬가지입니다. 한 달란트 맡은 청지기는 주인을 어떻게 인식하고 있었습니까? "주인이여, 당신은 굳은 사람이라. 심지 않은 데서 거두고 헤치지 않은 데서 모으는 줄을 내가 알았으므로"(마 25:24). 무엇입니까? 그 종의 가장 큰 문제는 주인에 대한 지식이 없었습니다. 여호와를 아는 지식이 없었습니다. 이것이 오늘날 우리 성도들의 가장 근본적인 문제입니다.

그러므로 우리가 여호와를 알자. 힘써 여호와를 알자(호 6:3).

여기서 '힘쓰다'는 짐승이 먹이를 포착하고 질주하는 모습을 말합니다. 시편 1편에 나오는 '묵상'이라는 말과 뿌리가 같은 단어입니다. 영어 성경은 묵상을 meditation으로 번역했는데, 좀 잘못된 번역입니다. meditation은 차라리 명상冥想에 가깝습니다. 제가 대학에 다닐 때에 잘못된 꾐에 빠져 명상하는 곳에 간 적이 있습니다. 가보니 정좌를 하고 눈을 감으라고 해서 그대로 했습니다. 그랬더니 "선생님, 눈앞에 지금 큰 해가 떠오르고 있지 않습니까?" 하고 묻습니다. 아무것도 안 보여서 그렇지 않다고 대답했더니, 해가 바다에서 치밀어오르듯 크게 떠오를 때까지 눈을 감고 있으라 했습니다. 그런데 눈을 감고 있으니까 어떻게 되었겠습니까? 졸았지요. 졸다가 왔습니다. 여기서 말하는 묵상은 그런 명상이 아닙니다.

묵상의 바른 의미

묵상은 두 가지 의미가 겹쳐진 개념입니다. 첫째는, 소가 먹이를 먹은 다음 위에 들어간 음식을 입 속으로 다시 올립니다. 그러고 나서 맷돌 같은 넓적한 이로 우물거려 씹어 삼키는 것과 같습니다. 되새김질을 하는 것입니다. 이러한 과정을 반복하는데, 묵상에는 이런 반추의 의미가 있습니다. 또 하나는 배고픈 들짐승이 허기 때문에 잠을 이루지 못하고 울부짖으며 광야를 헤매는 모습을 말합니다. 이것이 묵상입니다. 하나님의 말씀을 묵상한다는 개념 속에는 이렇게 적극적인 의미가 담겨져 있습니다. 우리는 어떻게 하나님의 말씀을 묵상합니까? 이 말씀만이 나를 살리고 세우는 길이라는 심정으로 묵상합니까?

새벽 빛같이 늦은 비와 같이

이어서 보겠습니다. "그의 나타나심은 새벽 빛같이 어김없나니"라고 합니다. 여기서 그의 나타나심은 일출을 의미합니다. 가끔 새벽에 뿌옇게 떠오르는 햇빛에 구석구석 배어 있던 어두움이 흩어지는 장면을 볼 수 있을 것입니다. 그러니까 해가 뜨면 어떠한 어두움일지라도 다 흩어지고 사라지게 됩니다. 그것이 하나님이 하나님 되시는 영광스러운 모습입니다. 여호와가 우리 인생 가운데 나오신다면, 우리 마음속에 하나님의 영광이 떠오르기 시작하면 분노, 원망, 절망, 시련, 회의, 고통 등 모든 어둠의 권세들이 새벽 빛에 다 걷히기 시작합니다. 우리 하나님이 이 처참하고 참담한 상태에 빠져 있는 이스라엘 백성을 향해서 지금 그 약속을 하고 계십니다.

"새벽 빛같이 어김없나니 비와 같이, 땅을 적시는 늦은 비와 같이 우리에게 임하시리라." 이스라엘에는 늦은 비와 이른 비가 있습니다. 늦은 비가 좋은 비입니다. 이른 비는 농사를 망치는 비입니다. 하나님은 농사에 필요한 늦은 비와 같이 우리에게 지극한 만족을 주십니다.

주께 힘을 얻고 그 마음에 시온의 대로가 있는 자는 복이 있나이다. 그들은 눈물 골짜기로 지나갈 때에 그 곳에 많은 샘이 있을 것이며 이른 비가 복을 채워 주나이다(시 84:5-6).

시온의 대로

시편의 시구에도 이른 비가 나옵니다. 그러나 하나님의 자비는 농사를 망칠 수밖에 없는 해로운 이른 비마저도 은택으로 바꾸어준다고 합니다. 이스라엘 백성은 어떤 경우에도 삶의 문제를 가지고 시온 성을 향해 갑니다. 시온 성 앞에는 너른 대로가 닦여 있습니다. 대로가 마음에 있다는 말은 언제나 모든 문제를 여호와께로 들고 나간다는 뜻입니다. 바로 이런 자에게는 이른 비를 만날지라도 은택으로 바뀌는 일이 일어난다는 뜻입니다.

여호와께서 패역에 빠진 이스라엘 백성에게 호세아 선지자를 통하여 늦은 비, 농사에 아주 좋은 비로 그 땅을 적시어 그 땅에서 새순, 새 삶, 새로운 부흥이 일어나게 하시겠다고 약속하고 있습니다. 오늘 우리도 이 약속을 붙들고 여호와를 떠나서 생긴 모든 삶의 문제가 여호와께로 돌아옴으로써 해결되는 은혜가 있을 것입니다.

예배자가 걷는 길

1. 한국 개신교가 유례없는 스캔들에 허덕거리고 있습니다. 혹시 이때 나는 회개의 대열에서 슬그머니 빠지려 하고 있지 않습니까? 호세아 선지자는 어땠습니까?
2. 우리는 영혼의 구원만이 아니라 삶의 온전함을 추구해야 합니다. 왜 그렇습니까?
3. '여호와를 안다'는 말의 진정한 의미를 자신의 말로 설명할 수 있습니까?
4. 성경에 자주 언급되는 이른바, 늦은 비는 어떤 것입니까? 인생의 늦은 비가 어떻게 유익이 될 수 있습니까?

예배자가 읽는 책

칼뱅의 《기독교 강요》를 읽어보십시오. 개혁자들의 글이 읽기 어려운 것은 이들의 저술 방식이 우리 시대와는 아주 달랐기 때문이기도 합니다. 이들은 마치 성을 쌓듯이 아주 정교하고 찬찬하게 글을 써나갔습니다. 특별히 개혁자들은 일종의 내향적인 글쓰기를 했다고 보는데, 이 말은 이들이 매우 강한 전제를 가지고 글을 썼고, 따라서 외부적으로 무엇을 증명하거나 덧붙여 설명할 필요가 없이, 이미 진리로 선언되고 믿어온 소중한 가르침을 더욱 강화하는 형식의 글들을 썼다는 뜻입니다. 이런 난제만 피하면 《기독교 강요》는 구역모임, 자발적인 독서 소그룹, 또래모임 등에서 꾸준히 읽어내려갈 수 있는 좋은 신앙 서적이며 신학의 교과서입니다.

07

형식이 다 무슨 소용이냐

사랑의 정염: 우리가 정말 거두어야 할 일

호세아 6:4-11

에브라임아, 내가 네게 어떻게 하랴. 유다야, 내가 네게 어떻게 하랴. 너희의 인애가 아침 구름이나 쉬 없어지는 이슬 같도다. 그러므로 내가 선지자들로 그들을 치고 내 입의 말로 그들을 죽였노니 내 심판은 빛처럼 나오느니라. 나는 인애를 원하고 제사를 원하지 아니하며 번제보다 하나님을 아는 것을 원하노라.

우리 속에 두 싸움이
있음을 기억하십시오.
내 의지로 사느냐,
하나님의 의지에 내 의지를
맡기느냐의 싸움입니다.

호세아서 6장은 산으로 치면, 산의 정상에 해당합니다. 그 중에서도 4절은 이렇게 시작됩니다. "에브라임아, 내가 네게 어떻게 하랴. 유다야, 내가 네게 어떻게 하랴." 이전에도 말했듯 에브라임은 이스라엘을 말합니다. 에브라임은 이스라엘의 다른 이름입니다. 이스라엘이 영적으로 건강하지 못한 상태였을 때, 하나님은 이스라엘이라고 부르지 않고 에브라임이라고 부르십니다. 그래서 에브라임이라고 부르시는 장면에서는 이스라엘이 하나님이 의도하신 상태에서 멀리 떨어져 있다고 이해하면 크게 틀리지 않습니다.

내가 네게 어떻게 하랴

또 유다가 나옵니다. 에브라임과 유다는 이미 나뉜 북 이스라엘과 남쪽 유다를 호칭하는 것입니다. 북 이스라엘과 남쪽 유다를 가리켜서 하나님이 선지자를 통하여 "내가 네게 어떻게 하랴"고 말씀하십니다. 언뜻 들으면 '어떻게 도와줄 수 있겠느냐'는 뜻으로 이해하기가 쉽습니다. 그러나 이것은 방법을 묻는 것이 아니라, 남쪽, 북쪽 할 것 없이 이스라엘 백성 전체를 향한 하나님의 절망스러운 심정을 표현한 것입니다.

하나님의 절망

어떤 절망입니까? 선지자를 통해서 끊임없이 경고했고, 돌아오도록 기다렸고, 책망했고, 때로는 때렸지만 이미 패역할 대로 패역하고 죄악에 습관적으로 익숙해져버린 이스라엘 백성은 남쪽, 북쪽 가릴 것 없이 하나님의 절규와도 같은 호소에 전혀 귀를 기울이지 않았습니다. 그래서 "에브라임아, 내가 네게 어떻게 하랴. 유다야, 내가 네게 어떻게 하랴"(호 6:4)고 하십니다. 이것은 방법을 묻는 것이 아니라 '더 이상 이 백성을 향해서 어떻게 할 수가 없구나' 하는 하나님의 심적인 절망입니다. 무엇에 관한 절망입니까?

너희의 인애가 아침 구름이나 쉬 없어지는 이슬 같도다(4절b).

이스라엘 백성은 말을 하고 고백도 하고 감동도 하지만 거기서 머물러 있습니다. 자기가 토해버린 것을 다시 주워 먹고 그 위에 쓰러지는, 반복되는 이스라엘의 패륜의 모습을 이렇게 설명하고 있습니다. 그들은 언제나 대답했고 아멘 소리도 높았고, 거창한 예배의 감동도 있었지만, 그들의 인애는 선지자의 고발처럼 이슬과 같았습니다. 아침에 하늘을 가렸던 구름을 뚫고 햇빛이 나오면, 언제 그랬냐는 듯이 모든 것이 일시에 사라지는 것과 같은 얄팍한 인애였습니다. 작심삼일이라는 말이 있듯이, 또 넘어진 그 자리에서 실패할 수밖에 없는 존재임을 체험하는 것입니다. 하나님은 그들이 갖고 있는 도덕적인 실력이나 내면의 결심 가지고는 변화될 수 없는 이스라엘의 절망스러운 상태를 보셨습니다.

절망스러운 백성

"그러므로 내가 선지자들로 그들을 치고 내 입의 말로 그들을 죽였노니 내 심판은 빛처럼 나오느니라"(5절). 굉장히 격렬한 표현이 나옵니다. "내가 선지자들로 그들을 치고." 대상은 물론 이스라엘 백성입니다. 그리고 내 입의 말로 그들을 죽였다고 하셨습니다. 하나님이 어떻게 이스라엘을 죽이고 치셨습니까? 하나님은 모세와 예레미야를 통해서, 그리고 여러 선지자들을 통해서 이스라엘이 어떻게 살아야 하고 어떻게 구체적으로 순종해야 하는지 누누이 가르치셨습니다. 오고 오는 세대를 통해서 택하고 뽑으신 선지자들을 앞세워 경고도 했고 설득도 했습니다. 그러나 이스라엘은 이 말씀 앞에서 죽은 것 같은 무능함을 드러냈습니다.

율법의 일차적 기능

이는 율법이 갖고 있는 일차적인 기능에 관해 말합니다. 하나님은 이스라엘 백성에게 율법을 주셨습니다. 물론 율법은 지키라고 주신 것입니다. 그러나 율법에서 가장 본질적인 기능은, 아무도 율법을 지킬 만한 자가 없다는 점을 드러내는 것입니다. 이렇게 본다면 율법은 다 죽이는 것입니다. 이것이 로마서의 주제입니다. 율법이 이스라엘 백성을 다 죽였습니다. 갈라디아서의 말씀처럼 율법은 결국 우리의 영혼을 그리스도께로 인도하는 몽학선생인 것입니다. 하나님의 의로운 말씀이 그들에게 던져지고 하나님의 말씀이 잣대가 되자 감추어둘 죄가 없습니다. 율법의 말씀이 그들 속에 떠올라 빛을 발하자 그들 속에 감추인 자기들만 알고 있다고 생각했던 추잡하고 더러운 죄악들이 햇살 속에서 드러나기 시작합니다. 나아가서, 그분의 긍휼과 자비와 용서가 그들에게 반드시 필요하다는 의미를 이 말씀은 담고 있습니다.

나는 인애를 원하고 제사를 원하지 아니하며 번제보다 하나님을 아는 것을 원하노라(6절).

오해하기 쉬운 대목이 있어 먼저 짚어보려고 합니다. 이 말씀으로, 제사(예배)가 필요 없다는 식의 논리를 펼치면 안 된다는 것입니다. 제사(예배)가 필요 없는 것이 아니라 인애가 담긴 제사, 삶이 담긴 예배를 강조하는 것입니다. 이 백성이 아침 이슬처럼, 쉽게 사라지는 아침 구름처럼 늘 고백도 하고 감동의 자리까지 가지만, 하나님 앞에 삶으로 드릴 만큼 경험이 없었습니다. 이것을 날카롭게 지적하시는 말씀입니다. 히브리서 기자가 5장에서 히브리인들은 아직도 젖을 먹고 있다고 했습니다. 그러면서 그 이유를 의의 말씀을 경험하지 못함에 두었습니다. 하나님의 말씀을 듣고 깨달았지만, 감동스러웠던 적도 많았지만 중요한 것은 삶으로 드러난 적이 없다는 말입니다. 순종한 적이 없다는 것입니다.

번제보다 하나님을 아는 것

그래서 번제보다 하나님을 아는 것을 원한다고 하십니다. 하나님을 아는 것이 무엇입니까? 하나님에 대해 지식으로 습득하자는 의미가 아닙니다. 하나님이 내 인생에 구체적으로 어떤 분이신가를 경험하는 차원을 말합니다. 수 없이 듣는 설교, 수없이 듣는 하나님의 말씀, 그 말씀을 들으면 들을수록, 보면 볼수록 내가 살지 않는 말씀이라면 멍에가 됩니다. 복이 아니라 오히려 저주가 될 수 있습니다. 알고서 행치 않는 죄는 더 크다고 했습니다. 히브리인들이 가장 준엄하게 책망받았던 이유가 이것이었습니다. 마땅히 선생이 되어야 할 자들이 그렇게 살지 않았습니다. 하나님을 아는 일에 전혀 경험이 없었습니다. 삶이 생략된 예배는 껍데기만, 형식만 남습니다. 그 형식은 하나님께 아무 의미가 없습니다. 비록 형식을 갖추었다 할지라도 그것은 성전 문을 닫았으면 좋겠다고 말씀하실 정도로 하나님의 마음에 합당치 않은 제사가 될 뿐입니다.

"나는 인애를 원하고 제사를 원하지 아니하며." 인애가 무엇입니까? 내가 사랑해야 할 대상을 위해 사는 태도입니다.

가이사랴에 고넬료라 하는 사람이 있으니 이달리야 부대라 하는 군대의 백부장이라. 그가 경건하여 온 집안과 더불어 하나님을 경외하며 백성을 많이 구제하고 하나님께 항상 기도하더니(행 10:1-2).

경건이 무엇입니까? 흰 도포 입고 산 속에 앉아서 도 닦고 있는 것입니까? 동양적인 개념으로는 경건을 이런 식으로 이해하는 경우가 대부분입니다. 홀리 보이스라고 들어보셨습니까? 말할 때 목소리를 깔기만 하면 경건인 줄 알고 있습니다. 사도행전 10장은 고넬료가 하나님을 경외하며 많이 구제한 자라고 합니다. 그는 예배만 있는 경건이 아니라, 사랑을 실천함으로써 경건을 체화體化하는 자였습니다. 하나님은 이것을 경건으로 보고 계십니다. 개인적인 생각이지만, 한국 교회는 아직 더 사랑의 실천에 힘써야 합니다. 모든 구제나 도움은 조금 부담스럽게 하십시오. 액수에 대해서 말하는 것입니다. 부담이 되지 않게 드린 헌신이 진정한 헌신일까요? 진정한 헌신이 될 수 없습니다. 그 기준은 각자 다르겠지만 부담이 되도록 하십시오. 마음에 부담을 가지십시오. 그것이 정말 인애가 있는 제사이고 인애가 있는 헌신입니다. 이스라엘 백성은 이런 의미의 경건이 없었습니다. 옷깃을 넓게 하고 성막 안에서 온갖 모양새는 다 내고 있었지만 삶의 경험이 없었습니다.

그들은 아담처럼 언약을 어기고(호 6:7a).

두 의지의 대립

아담의 언약이 무엇입니까? 아담이 언제 하나님과 언약한 적이 있습니까? 하나님이 동산을 만드시고 그 안에서 남자와 여자를 살게 하셨습니다. 그리고 아담에게 한 가지 약속을 주셨습니다. 모든 땅을 다스리고 통치할 수 있지만, 동산 중앙의 실과만은 먹지 말라는 것이었습니다. 이것이 하나님과 아담의 약속이었습니다. 그러나 아담은 그 중앙에 있는 실과를 먹었습니다. 여기서 두 의지가 대립합니다. 하나님의 의지는 그 실과를 따먹지 말라는 것이었습니다. 그러나 아담은 범하여 따먹고 말았습니다. 그래서 우리에게 사망이 찾아왔습니다. 그 실과에 특별히 무슨 약효가 있어서 그랬을까요? 그 동산 중앙에 있는 실과의 의미는 우리에게 무엇입니까? 그것은 의지의 싸움이었습니다. 아담은 그것을 따먹어버렸습니다. 누구의 의지대로 한 것입니까? 자신의 의지대로 한 것입니다. 에덴동산의 삶은 하나님의 의지대로 살도록 설계가 되었습니다. 그러나 아담은 스스로 우쭐하여 하나님같이 되려고 사탄의 유혹에 넘어간 여자로 말미암아 대표로 그 책임을 지게 되었습니다. 결국 인류의 역사는 두 의지의 충돌입니다. 우리도 다르지 않습니다. 결국 우리 안의 전쟁은 내 의지대로 사느냐, 하나님의 의지에 내 인생을 맡기느냐의 싸움입니다.

이스라엘은 어디서 실패했습니까? 아담처럼 제 마음대로, 제 의지대로 살았습니다. 자기의 의지대로 산 삶의 결과는 무엇이었습니까? 세월의 낭비였습니다. 그리고 얻은 것이 아무것도 없었습니다. 이스라엘 백성이 하나님의 의지, 곧 언약을 어기고 자기 의지를 따라 국가를 경영하고, 공동체로서 살았을 때 여지없이 결핍과 불행, 파탄과 파멸이 찾아왔습니다. 우리 속에 두 싸움이 있음을 기억하십시오. 내 의지로 사느냐, 하나님의 의지에 내 의지를 맡기느냐의 싸움입니다.

두 의지의 싸움

"거기에서 나를 반역하였느니라"(7절). '거기에서'라고 하니까 에덴동산을 생각하기 쉬우나, 사실은 이 말씀 바로 뒤이어 나오는 두 개의 도시를 말합니다.

> 길르앗은 악을 행하는 자의 고을이라 피 발자국으로 가득 찼도다. 강도떼가 사람을 기다림같이 제사장의 무리가 세겜 길에서 살인하니 그들이 사악을 행하였느니라(8-9절).

여기서 길르앗과 세겜이라는 두 지명이 나옵니다. 그러

나 이곳에서 제사장들이 사람을 기다리는 떼강도처럼 살인을 했다고 했습니다. 레위기에 보면 이스라엘 백성은 특별한 법을 가지고 있었습니다. 도피성을 여섯 개 만들었습니다. 의도와는 상관없이 사람을 죽였을 경우가 있습니다. 이 사람은 법에 따라 마땅히 눈은 눈으로, 이에는 이로 처벌을 받게 되어 있습니다. 어떤 사람은 이 법을 굉장히 지독한 법이라고 말하는데, 지금도 회교국가에서는 그런 식으로 법을 지키는 나라가 있습니다. 남의 손목을 자르면 자기 손목도 잘라야 합니다. 오해하면 잔인한 법 같지만 최소한으로 인간성과 사회의 보전을 위해서 어쩔 수 없이 만들어놓은 법이었습니다. 상대가 내 눈 한 쪽을 상하게 하면 복수할 때는 눈 한 쪽만 뺍니까? 두 쪽을 다 빼버리고 말지요. 이것이 인간의 본성입니다. 그러나 내가 한 쪽 눈만 당했으면 한 쪽 눈만 복수하라는 말입니다.

그래서 고의가 아니라 어쩌다 실수로 살인을 했을 때, 도망하여 살 수 있도록 여섯 개의 도피성을 만들었습니다. 그 중에 대표적인 것이 이 길르앗과 세겜에 있습니다. 도피성 안에는 과실치사를 범한 자들과 그 사건을 판단하고 그들의 삶을 인도해줄 수 있는 레위인들과 제사장들이 함께 살고 있었습니다. 그러나 거기서 끔찍한 일이 벌어지고 있습니다.

“제사장의 무리가 세겜 길에서 살인하니.” 세상에! 누가 살인합니까? 말하자면 목사들이 살인을 하는 것입니다. 현대판 도피성이 어디입니까? 죽을 수밖에 없는 사람들이 들어와 앉아 있는 곳이 어디입니까? 교회입니다. 그런데 교회에서 제사장들이 성도들을 죽이는 것입니다. 이것은 하나의 은유적인 표현입니다. 목사가 성도를 어떻게 죽일 수 있습니까? 하나님의 말씀을 바르게, 바른 삶의 자세로 전하면 영혼에 살이 되고 피가 되지만, 만약 잘못 해석해서 엉뚱한 소리를 한다면 이것이 사람들을 죽이는 것입니다. 살인이 다른 것이 아닙니다. 실제로 칼을 들이대고 피를 흘려야 살인이 아닙니다. 영혼을 죽이는 것이 살인입니다.

살인 죄를 저지르는 제사장들

‘교회갱신협의회’라는 단체가 있습니다. 제가 교회 일 외에 외부 일에 관여하는 편이 아니나, 이 단체는 우리 교단을 정화하고 교회를 개혁하자는 정신으로 세워진 공동체이기 때문에 그곳에서 작은 책임을 맡고 있습니다. 이 단체에서 여름마다 수련회를 하는데, 좋은 강사들이 오셔서 깊

패악한 백성들

은 은혜를 체험하게 하는 것이 백미이나, 오랜만에 만난 동기나 선배 목사들과의 교제를 통해서 입으로 발설할 수 없고 전할 수도 없는, 감히 상상이 가지 않는 목회자들의 패악에 관해 많이 듣게 됩니다. 금도襟度를 넘어, 영혼과 인격에 관한 살인이 교회에서 숱하게 자행되고 있습니다. 일차적으로는 목회자 자신의 책임이지만, 자신의 이해타산 때문에 경거망동하는 교인들에게도 똑같은 책임이 있다고 봅니다.

내가 이스라엘 집에서 가증한 일을 보았나니 거기서 에브라임은 음행하였고 이스라엘은 더럽혀졌느니라. 또한 유다여, 내가 내 백성의 사로잡힘을 돌이킬 때에 네게도 추수할 일을 정하였느니라(10-11절).

은혜와 공짜

결국은 하나님의 추상과도 같은 선고가 떨어집니다. 유다를 향해서 뿌린 대로 결과를 돌려주겠다고 하십니다. 이것이 하나님의 법칙입니다. 갈라디아서 6장 7절에 보면 "사람이 무엇으로 심든지 그대로 거두리라"고 명시하셨습니다. 반드시 그대로 거둡니다. 예수님을 통해서 우리가 용서를 받았습니다. 우리가 공짜로 용서를 받았습니까? 그렇게 착각하면 안 됩니다. 예수님이 십자가에서 값을 지불했습니다. 우리는 은혜로 구원받았지만 공짜가 아닙니다. 은혜와 공짜는 다릅니다. 우리가 치러야 할 죽음의 대가를 예수 그리스도께서 십자가에서 이미 지불하셨습니다. 하나님은 용서하시되 반드시 그 값을 물으십니다. 그것이 하나님의 법칙이기 때문입니다.

어쩌면 우리는 서서히 거두어야 할 일들을 결정하고 있는지도 모릅니다. 지금까지 쌓았던 모래성이 전부 허물어지고, 상대적인 박탈감에 우왕좌왕하고 있습니다. 누누이 강조한 바와 같이 책임은 교회가 져야 합니다. 목회자들이 먼저 책임을 져야 합니다. 잘못 가르쳤기 때문에, 백성이 잘못 살았기 때문에 나라 전체가 어려움을 겪고 있습니다. 그러나 하나님의 헤세드는 우리를 넘어뜨리되 아주 엎드러뜨리지 않으시며, 시험 당할 즈음에 또한 피할 길을 내어주셔서 감당케 하실 것입니다. 그리스도를 통해서 궁극적으로 값을 지불하시고 사셨기 때문에 우리를 아주 멸망시키거나 절망시키지 않으시고 반드시 그분의 긍휼 때문에 다시 꽃피우게 하실 것입니다. 아픔을 잠시 잠깐 주신다 하더라도 다시 우리를 일으키실 것입니다. 다시 한 번 일어나 삶이 있는 제사, 하나님을 아는 일에 경험이 있는 삶을 살며 추수를 준비하는 남은 날들이 되게 하실 것입니다.

예배자가 걷는 길

1. 왜 하나님의 말씀이 '저희를 죽이는 흉기'가 됐습니까? 모세의 율법이 로마서의 지적처럼 살리는 것이 되지 못한 점에 주목하며 답해보십시오.
2. "인애를 원하고 제사를 원치 않는다"는 말씀의 진의는 무엇입니까?
3. 인생이 '하나님의 의지를 따르느냐, 아니면 내 의지를 관철하느냐의 싸움'이라는 저자의 인식에 동의합니까? 강인한 의지력, 불굴의 실천, 정확한 목표와 반복을 통한 달성을 미덕으로 삼는 이 사회에서 '하나님의 의지를 따름'은 내게 어떤 의미로 다가옵니까?

예배자가 읽는 책

마크 데버Mark Dever는 개혁주의적인 신학 원칙을 흩뜨리지 않으면서도 상당한 유연성을 가지고 현대 복음주의 교회들에서 벌어지는 영적 해이와 이탈에 대해 대침을 놓고 있는 목회자며 저자입니다. 그 중에서도 *9 Marks of a Healthy Church*의 일독을 권합니다. 참고로 그가 말하는 9가지 표식은 아래와 같습니다.

1. 강해 설교가 있는 교회
2. 성경적 신학이 있는 교회
3. 복음이 선포되고 복음으로 사는 교회
4. 회심에 관한 성경적 인식이 있는 교회
5. 전도에 관한 성경적 개념이 정립된 교회
6. 교인이 된다는 것의 의미를 바르게 인지하는 교회
7. 성경적인 권면과 견책이 있는 교회
8. 제자도와 성장에 관해 관심이 있는 교회
9. 성경적인 리더십이 있는 교회

08

나를 구하라

사랑의 요구: 교만을 버리고 하나님의 얼굴을 보는 일

호세아 7:8-16

내가 그들 팔을 연습시켜 힘 있게 하였으나 그들은 내게 대하여 악을 꾀하는도다. 그들은 돌아오나 높으신 자에게로 돌아오지 아니하니 속이는 활과 같으며 그들의 지도자들은 그 혀의 거친 말로 말미암아 칼에 엎드러지리니 이것이 애굽 땅에서 조롱거리가 되리라.

성경이 말하는 교만은 무엇입니까? 이것도 할 줄 알고, 무엇도 가졌다고 자랑하는 것을 교만이라고 성경은 말하지 않습니다. 성경이 말하는 교만은 만족하지 못하는 것을 말합니다.

호세아 7장 8절 말씀인 "에브라임이 여러 민족 가운데에 혼합되니 그는 곧 뒤집지 않은 전병이로다"에서 전병은 번철에서 굽는 넓적한 떡입니다. 전병은 제사드릴 때 드리던 떡이었습니다. 레위기에 보면 제사의 종류가 크게 일곱 가지입니다. 그 중에서 전병을 드리는 소제라는 제사가 있습니다. 하나님의 말씀은 에브라임이 뒤집지 않은 전병이라고 합니다. 우리 식으로 표현을 해서, 빈대떡을 만들다가 뒤집지 않으면 어떻게 되겠습니까? 밑은 타고, 위는 익지 않습니다. 이런 떡을 자식들에게 줄 수 있습니까? 안 주고 내다 버리겠지요. 에브라임은 뒤집지 않은 전병입니다. 하나님의 제단 앞에 드려야 될 떡인데 쓸모없게 되어버렸다는 뜻입니다. 더 적극적으로 표현하자면 내다 버릴 수밖에 없는 존재가 됐다는 의미입니다. 뒤집지 않은 전병

지나치게 타버린 쪽은, 내용을 상실한 종교적인 위선을 말합니다. 의미 없이 성경책만 끼고 교회에 왔다갔다하는 지금은 전쟁중

사람들처럼 형식만 남아버린 것입니다. 다른 한 쪽은 익지 않았다고 했습니다. 이것은 혼합주의에 관한 은유입니다. 이방인들처럼 된 것입니다. "에브라임이 여러 민족 가운데에 혼합되니." 혼합이라는 말은 세속적인 것에 물들어버렸다는 뜻입니다.

이 말씀에 비추어 우리의 생활을 들여다볼 수 있기를 바랍니다. 과연 나의 영적인 삶의 태도에 바로 이 뒤집지 않은 전병 같은 영역은 없는가. 닳을 대로 닳은, 형식만 남은 사람이 된 것은 아닌가. 교회에 들어와 지낸 세월 때문에 사람도 많이 알게 되고 그러다 보니 집사, 권사, 장로도 되었지만 삶의 내용이 없는 사람은 아닌가.

지인 중에 태국 선교사가 있습니다. 태국에서 어린이들을 대상으로 선교를 합니다. 이 친구의 말이, 태국과 같이 영적으로 치열한 전장戰場에서 살다가 가끔 용무가 있어 한국에 나와 보면 복장이 터진다고 말했습니다. 조국의 성도들이 기름져서 무감각하고 무덤덤한 모습을 보이는 것 같아 가슴이 아프다는 것입니다. 정말 이 친구에게서는 화약 냄새가 나는 것 같습니다. 우리는 현재 전쟁중임을 꿈에서도 잊어서는 안 됩니다. 이러한 절박함 없이 물 덤벙 술 덤

병 살아간다는 것 자체가 뭔가 혼합돼가고 있다는 뜻입니다. 뒤집지 않은 전병은 이런 결과를 낳습니다.

혼합주의를 피하라

> 이방인들이 그의 힘을 삼켰으나 알지 못하고 백발이 무성할지라도 알지 못하는도다(호 7:9).

여기서 이방인은 외국인이라는 뜻이 아닙니다. 이 말은 '원수'라는 단어입니다. 무엇을 말합니까? 지금 이스라엘이 전쟁중에 있다는 뜻입니다. "힘을 삼켰으나 알지 못하고"라는 말은 전쟁에 져서 파괴와 멸망을 바라보고 있다는 뜻입니다. 그런데도 인지를 못하고 있습니다. "백발이 무성할지라도" 즉 오랜 시간에 걸쳐 이런 상태가 진행되고 있어도 깨닫지 못한다는 뜻입니다.

> 이스라엘의 교만은 그 얼굴에 드러났나니 그들이 이 모든 일을 당하여도 그들의 하나님 여호와께로 돌아오지 아니하며 구하지 아니하도다(10절).

여기서 말하는 이스라엘은 에브라임을 말합니다. 에브라

교만한 사람

임의 교만이 그 얼굴에 나타났다고 했습니다. 사람이 왜 교만하게 되는지 아십니까? 또 성경은 무엇을 교만이라고 말하고 있습니까? 난 이것도 할 줄 알고, 또 무엇도 가졌다고 자랑하는 것을 교만이라고 성경은 말하지 않습니다. 교만은 만족하지 못하는 것을 말합니다. 앤드루 머레이는 《겸손*Humility*》에서 "겸손이란 자기 자신에게 일어난 일을 이상하게 생각하지 않는 태도를 말한다"고 했습니다.

무슨 뜻입니까? 우리가 왜 하나님에 대해서 항변합니까? "왜 내가 이런 일을 당해야 됩니까?" "왜 내게 이런 일이 생깁니까?" "왜 나는 이렇게 살아야 됩니까?"라고 사람들은 지금 하나님의 절대주권을 인식하지 못하고 있는 것입니다. 삶 전체를 하나님의 섭리와 계획 속에서 받아들이지 못하는 상태입니다. 에브라임은 요셉의 혈통입니다. 에브라임은 그 이름의 뜻이 '두 배로 열매 맺는 자'입니다. 하나님이 그 정도로 복을 주셨습니다. 그러나 에브라임은 늘 불만이 가득했습니다. 유다 지파가 눈엣가시처럼 보여서 항상 시비를 걸었습니다. 남 유다와 북 이스라엘이 갈라지게 되었던 사실상의 동기는 에브라임입니다. 에브라임의 항변은, '왜 내게는 유다만큼 복을 안 주느냐'는 것입니다.

자기에게 허락하신 분복과 분깃에 만족함이 없습니다. 그래서 늘 투덜댑니다.

바로 그 불만이 교만입니다. 에브라임에게 그 정도의 복을 주신 것은 그에게 합당하기 때문에 하나님이 주셨을 텐데 그것에 자족하지 못했습니다. 자기에게 일어난 일들을 그대로 받아들인 것이 아니라 이상하게 생각했습니다. 이것이 교만입니다. 교만은 다시 말해서 여호와께 구하지 않는 삶입니다. 자신의 힘으로 해결하고 살아가는 사람들이기 때문에, 자기가 인생의 주인이 된 사람들이기 때문에 구하지 않습니다. 자신의 능력을 믿고, 자신이 자기 인생의 주인이라는 표시를 하는 것입니다. 우리 삶 가운데서 하나님께 구하지 않는 영역은 다 교만입니다. 하나님의 은혜 없이 살 수 있다는 것입니다. 결혼이든, 진로든, 돈이든, 전공이든, 사업이든, 하나님께 구하지 않는 것은 죄며 교만입니다. 에브라임, 곧 이스라엘이 이런 태도를 취했습니다. 자족하지 않는 사람

에브라임은 어리석은 비둘기같이 지혜가 없어서 애굽을 향하여 부르짖으며 앗수르로 가는도다(11절).

11절의 말씀을 이해하기 위해서는 이스라엘 열왕의 역사를 이해해야 합니다. "유다의 왕 아하스 제십이년에 엘라의 아들 호세아가 사마리아에서 이스라엘 왕이 되어 구년간 다스리며"(왕하 17:1). 이어질 줄거리는 이스라엘 왕을 이야기하기 위해서입니까, 유다 왕을 이야기하기 위해서입니까? 이스라엘 왕입니다. 그러나 초반부에는 유다 왕이 먼저 나옵니다. 하나님이 인정하시는 정통성은 유다에 있다는 뜻입니다. 이때 이스라엘의 왕은 호세아였습니다. 호세아가 사마리아에서 왕이 되어 구년을 치리했습니다. "여호와께서 보시기에 악을 행하였으나 다만 그 전 이스라엘 여러 왕들과 같이 하지는 아니하였더라"(2절). 나쁘기는 했는데 아주 악질은 아니었다는 것입니다. 칭찬입니까, 욕입니까? 이것은 욕입니다. 이것도 아니고 저것도 아니라는 뜻입니다. 그러니까 호세아 선지자는 이를 두고 뒤집지 않은 전병이라고 했습니다. 신앙은 99퍼센트의 헌신을 요구하지 않습니다. 우리는 언제나 온전한 헌신, 온전한 제물, 온전한 삶이 되어야 합니다. 이 정도면 되지 않았는가 하는 마음은 미혹에 지나지 않습니다. 모세가 이스라엘 백성을 데리고 광야로 나아가서 여호와 앞에 제사를 드리고 오겠다고 했을 때, 육신적인 가치관의 상징인 바로가 뭐라고 했습니까? "다 갈 것 있냐, 남자들만 가라. 소, 양 떼만 데리고 가라." 계속해서 하나라도 더 남겨놓으려고 합니다. 이것이 어둠 권세의 유혹입니다. "그렇게까지 신앙생활을 할 필요가 있습니까? 나 하나 잘 믿고 나쁜 짓 안하고 착하게 살면 됐지, 전도는 왜 합니까?"라는 식의 미혹에 넘어가지 마시기 바랍니다.

육신적인 가치관

"앗수르의 왕 살만에셀이 올라오니 호세아가 그에게 종이 되어 조공을 드리더니 그가 애굽의 왕 소에게 사자들을 보내고 해마다 하던 대로 앗수르 왕에게 조공을 드리지 아니하매 앗수르 왕이 호세아가 배반함을 보고 그를 옥에 감금하여 두고"(3-4절). 앗수르에 조공을 바치고 빼앗기다 보니 열불이 납니다. 백성이 일 년 내내 땀 흘려서 거두어놓으면 이들이 와서 다 빼앗아가니까 조공을 거부하기 시작했습니다. 조공을 거부하면 다른 버팀목을 찾아야 합니다. 그래서 애굽에 가서 도움을 구합니다. 그러나 그들의 시도는 처절할 정도로 실패로 돌아갑니다. "앗수르 왕이 올라와 그 온 땅에 두루다니고 사마리아로 올라와 그 곳을 삼년간 에워쌌더라"(5절). 애굽에 가서 빌붙고 구하고 의지하면 뭔가 상황이 새로워지고 달라질 줄 알았는데 오히려 전부 앗수르로 끌려가버리고 말았습니다.

호세아 제구년에 앗수르 왕이 사마리아를 점령하고 이스라엘 사람을 사로잡아 앗수르로 끌어다가 고산 강가에 있는 할라와 하볼과 메대 사람의 여러 고을에 두었더라(왕하 17:6).

하나님을 찾으라

이제는 포로로 붙들려가서 앗수르 전역에 뿔뿔이 흩어져 종살이하는 형국에까지 이르고 말았습니다. 무엇을 의지한 연고입니까? 이사야는 "보라, 네가 애굽을 믿는도다. 그것은 상한 갈대 지팡이와 같은 것이라"(사 36:6)고 했습니다. 북 이스라엘, 에브라임은 여호와 하나님을 구해야 옳았습니다. 그러나 여호와께 구하지 않았습니다. 다시 호세아서로 돌아가서 이런 역사적인 배경을 의식하면서 11절을 보겠습니다.

에브라임은 어리석은 비둘기같이 지혜가 없어서 애굽을 향하여 부르짖으며 앗수르로 가는도다.

애굽을 향하여 부르짖으면 거기에서 무슨 해결이 날 줄 알았습니다. 우리가 이런 미련을 잘 떨지요. 환난이나 고난이 임할 때, 정신 못 차리고 다른 데 가서 헤매고 있습니다. 거기에 무슨 문이 열릴 줄 압니다. 오히려 상황은 악화되어서 앗수르로 전부 끌려가고 맙니다. 왜 이렇게 되었습니까? 지혜가 없어서입니다. 지혜는 지식과 다릅니다. 지식은 자기가 노력하고 땀 흘린 것만큼 축적됩니다. 그러나 지혜는 노력한다고 되지 않습니다. 지혜는 여호와를 경외함에서 나옵니다.

지혜와
지식의
차이

그들이 갈 때에 내가 나의 그물을 그 위에 쳐서 공중의 새처럼 떨어뜨리고 전에 그 회중에 들려준 대로 그들을 징계하리라(12절).

가서는 안 되는 길이기에 하나님이 그물을 치셨습니다. 이것이 하나님이 우리를 사랑하시는 방법입니다. 사랑하시기 때문에 하나님은 가끔 나의 생애에 가시덤불을 쳐서 경고하십니다. 애굽을 향해 가서는 안 되는데 가고 있습니다. 도랑을 파고 가시덤불을 놓고 더 이상은 가지 못하도록 하십니다. 발목을 움켜잡아서, 거꾸로 매달아서라도 못 가게 끌고 오십니다. 그때 돌아와야 합니다. 너무 가버려서 전환점을 잃게 되면 안 됩니다. 잡혀 있을 때는 비명을 지르고 죽겠다고 아우성을 칩니다. 그것은 하나님이 그려놓으신 커다란 그림을 잘 몰라서 그렇습니다.

항복하지 않는 고집스러움

"그물을 그 위에 쳐서 공중의 새처럼 떨어뜨리고 전에 그 회중에 들려준 대로 그들을 징계하리라." 이 말씀은 여호수아 24장에 나오는 여호수아의 설교와 직결됩니다. 이스라엘 백성 앞에 복과 저주를 두고 선택하라 하신 일입니다. 비단 여호수아뿐 아니라 수없이 많은 선지자들을 보내 경고를 하고 나팔을 불었건만 이스라엘 백성은 하나님의 말씀을 듣지 않았습니다. 사람은 겪기 전까지는 항복하지 않는 고집스러움을 갖고 있습니다. 아이들과 똑같습니다. 위험한 곳에 가지 말라고 하는데도 꼭 갑니다. 다리미 옆에 가지 말라고 하는 데도 기어코 가서는 혼이 납니다. 데지 않을 만큼 식었을 때 엉덩이에 다리미를 대주면 기겁을 하지요. 사람은 자기가 겪기 전까지는 죽어도 항복을 하지 않습니다.

징계하시는 하나님

끝부분에 징계에 관한 말씀이 나오는데, 이 징계는 책벌

Punishment이 아닙니다. '너, 잘못했으니 이번엔 맞아라' 하는 것은 책벌입니다. 여기서 말하는 징계는 훈련Discipline입니다. '선수를 훈련시키다' 또는 '자식을 만들다'라는 뜻입니다. 히브리서 12장에서 '징계가 없으면 친아들이 아니다'라고 했는데, 바로 그런 의미에서의 징계입니다. "그가 받아들이시는 아들마다 채찍질하심이라"(히 12:6)고 했습니다. 왜 징계합니까? 내가 내 자식으로서 사랑하기 때문입니다. 요즘 청소년들은 이런 징계를 전혀 달가워하지 않습니다. 징계하려면 오히려 어른들에게 막말합니다. 그러나 요즘 청소년들이 아무리 무서워도 내 자식이라면 사정이 다른 것입니다. 내가 죽는 한이 있더라도, 어디를 부러뜨려서라도 고쳐놓고 말지요. 사랑하는 자녀가 망아지처럼 구는 데도 그대로 두겠습니까?

> 화 있을진저 그들이 나를 떠나 그릇 갔음이니라. 패망할진저 그들이 내게 범죄하였음이니라. 내가 그들을 건져주려 하나 그들이 나를 거슬러 거짓을 말하고(호 7:13).

이 구절에 나오는 두 장탄식을 놓치면 안 됩니다. 하나는 화 있을진저, 또 하나는 패망할진저입니다. 정말 하나님이 에브라임에게 '망하라, 저주 받아라'는 뜻으로 '화 있을진저, 패망할진저'라고 말씀하셨을까요? 아닙니다. 바로 앞에 징계하겠다고 하셨습니다. 그것은 사랑한다는 말씀입니다. 따라서 "화 있을진저, 패망할진저"는 이율배반이 아니라 하나의 시적인 표현입니다. 시에는 과장법이 동원됩니다. 여러 모로 논설되어야 할 내용을 한 단어로 응축해서 폭발시키는 것이 시입니다. 아주 망해버리라는 말이 아니라, 이 백성을 향한 하나님의 마음이 너무 아프다는 탄식을 여기서 표현하고 계시는 것입니다.

> 성심으로 나를 부르지 아니하였으며 오직 침상에서 슬피 부르짖으며 곡식과 새 포도주로 말미암아 모이며 나를 거역하는도다(14절).

하나님을 성심으로 부르지 않았다고 하십니다. 성심은 무엇입니까? 거룩할 '성聖', 마음 '심心'입니다. 성심으로 나를 부르지 않고 어디에서 불렀다는 것입니까? 침상에서 나를 불렀다고 합니다. 그러면 침상에서 불렀다는 것은 무슨 뜻입니까? 뒤에 그 이유가 나옵니다. 그들이 모인 이유는 곡식과 새 포도주를 인함이라 밝혀지는데, 우리 식으로 이해하자면 먹고 입고 사는 것 때문에 하나님 앞에 모여서 부르짖었다는 뜻입니다. 침상에서 부르짖었다는 말은 마음으로 토했다는 것이 아니라 그냥 울었다는 뜻입니다.

서러움의 눈물

우리가 기도하다보면 가끔 그런 미혹에 빠집니다. 기도를 하다보면, 시어머니한테 꾸중들은 것도 서럽고 직장에서 상사에게 스트레스 받은 것도 서럽고, 온갖 서러운 생각이 떠올라 눈물이 납니다. 회개로 눈물을 흘린 것이 아니라 자기 팔자가 서러워서 우는 것입니다. 이스라엘 백성이 거기에는 도가 튼 사람들입니다. 대표적인 경우가 사사기 2장에 나옵니다. 그 백성이 얼마나 울었던지 지명이 보김, 즉 눈물의 장소로 이름이 바뀌었습니다. 울면 다 회개입니까? 울고 나서는 언제 그랬냐는 식으로 또 죄를 짓습니다. 마음을 찢은 것이 아니라 옷을 찢은 것입니다.

15절의 말씀을 보겠습니다. "내가 그들 팔을 연습시켜 힘 있게 하였으나 그들은 내게 대하여 악을 꾀하는도다." 연습시키다라는 말은 징계를 뜻합니다. 징계를 통해 그들을 하나님의 백성으로 돌아오게 했지만, 다시 하나님을 거역한다는 뜻입니다.

그들은 돌아오나 높으신 자에게로 돌아오지 아니하니 속이는 활과 같으며 그들의 지도자들은 그 혀의 거친 말로 말미암아 칼에 엎드러지리니 이것이 애굽 땅에서 조롱거리가 되리라(16절).

돌아오라 하나님께로

그들의 몸은 돌아오지만 높으신 자, 곧 하나님께 돌아오지는 않았습니다. 호세아 선지자가 외치는 주제는 '돌아오라'입니다. 이들이 지금 어디로 떠났습니까? 이스라엘 안에 있습니다. 그러나 그들의 심령은 높으신 자에게로 돌아오지 않았습니다. 오히려 그들은 속이는 활과 같습니다. 속이는 활은 맥 빠진 활이라는 뜻입니다. 쏘기는 쏘았는데 목표 지점을 향해 날아가지 않았습니다. 다른 데 떨어집니다. 죄라는 단어의 기원은 화살이 빗나가다는 뜻입니다.

그분의 안아주심

그리고 "그들의 지도자들은 그 혀의 거친 말로"라고 했는데, 여기서 거친 말이라는 표현을 좀 더 정확히 표현하자면 '맹렬히 분노하다'라는 뜻입니다. 지도자들이 누구에게 분풀이합니까? 하나님께 화를 내고 있습니다. 목표가 빗나간 인생들은 자기들이 저질러놓고 하나님을 향해 화풀이하는 것입니다. "이것이 애굽 땅에서 조롱거리가 되리라." 그들이 기대고 의지했던 그 땅에서 이런 일이 벌어진다는 것이 얼마나 모멸스러운 상황입니까. 그러나 이러한 일들을 통해서 하나님이 이 백성에게 소망을 주시려고 끊임없이 징계하시고 연습시키십니다. 가시덤불을 놓아서라도, 도랑을 파고서라도 하나님이 안으신다는 말입니다.

이와 같은 일들이 어디서부터 시작이 되었습니까? 이유는 하나입니다. 뒤집지 않은 전병 때문입니다. 다시 말해서 여호와께 구하지 않은 삶이기에 그렇습니다. 왜 그렇습니까? 여호와께 구하지 않는 삶은 다 교만이고 죄이기 때문입니다. 기도할 때마다 우리의 교만을 씻고 하나님을 향하여 지혜의 창을 여는 삶이 우리 앞에 있습니다.

예배자가 걷는 길

1. "뒤집지 않은 전병"이라는 상징이 담고 있는 두 가지 메시지는 무엇입니까?
2. 앤드루 머레이는 교만을 어떻게 정의합니까? 그의 정의에 동의합니까? 그에 따르면 나는 겸손한 사람입니까?
3. 하나님은 에브라임에게 "화가 있을 것이다"라고 하셨습니다. 이 말씀은 어떤 맥락에서 나온 것이며, 이 말씀의 속뜻은 무엇입니까?
4. 죄는 '과녁을 벗어남'으로도 설명됩니다. 어떤 면에서 이렇게 볼 수 있습니까?

예배자가 읽는 책

달라스 윌라드의 *A Place for Truth*를 추천합니다. 달라스 윌라드, 오스 기니스, 톰 라이트 그리고 로널드 사이더와 같은 복음주의의 저명한 학자들이 진리, 신앙과 과학, 무신론, 의미와 인간, 기독교 세계관, 사회 정의 등에 관하여 각자 전문 분야에서의 견해를 피력한 글들을 모아 만든 책입니다. 달라스 윌라드는 "진리 그 자체는 여러 진실과는 구별되는 성격을 갖는다"고 말하면서, 진리의 문제는 아이들이 심지어는 '진리'라는 말을 알기도 전에 부딪치게 되는 현실만큼이나 단순 명쾌하다고 주장합니다. 아이들은 자기 생각 그리고 기대를 가지고 행동해보다가 진리 그리고 그 반대인 거짓과 사정없이 부딪치게 됩니다. 이렇듯 진리의 문제와 우리 삶은 사실은 전혀 떨어져 있지 않다는 것입니다. 진리의 문제가 왜 중요한가 하면, 진리가 우리가 볼 수 없는 것들, 우리의 경험에 직접적인 방식으로는 들어오지 않는 것들을 향해서 우리를 인도하기 때문이라고 합니다.

09

너희가 나를 기뻐하느냐

사랑과 질투: 매순간 세상과 간음하는 우리

호세아 9:10-17

에브라임은 매를 맞아 그 뿌리가 말라 열매를 맺지 못하나니 비록 아이를 낳을지라도 내가 그 사랑하는 태의 열매를 죽이리라. 그들이 듣지 아니하므로 내 하나님이 그들을 버리시리니 그들이 여러 나라 가운데에 떠도는 자가 되리라.

하나님의 말씀이 사라질 때
교회도 길갈처럼 하나님의
영광을 드러내야 할 현장이
하나님의 영광을 욕되게
하는 범죄의 현장으로
바뀔 수 있습니다.

옛적에 내가 이스라엘을 만나기를 광야에서 포도를 만남 같이 하였으며 너희 조상들을 보기를 무화과나무에서 처음 맺힌 첫 열매를 봄같이 하였거늘, 그들이 바알브올에 가서 부끄러운 우상에게 몸을 드림으로 저희가 사랑하는 우상같이 가증하여졌도다(호 9:10).

사랑의 눈빛

10절의 이 말씀은 퍽이나 시적이면서도 충격을 줍니다. 이 표현이 얼마나 은유적이고 시적이며 멋있습니까? 광야에서 포도나무를 본 것 같았고, 이스라엘의 조상들을 본 것이 무화과나무에서 첫 열매 맺힌 것을 본 것 같았다고 했습니다. 이렇듯 하나님은 이스라엘 백성을 뜨거운 마음을 가지고 열렬히 사랑하셨습니다. 세상에, 하나님이 아니고서 누가 이런 표현을 할 수 있겠습니까! 기침과 사랑은 감출 수가 없습니다. 사랑하는 사람들의 눈빛은 다릅니다. 연인은 같이 있으면 그냥 좋은 것입니다. 손에 땀이 차도록 잡고 놓을 줄을 모릅니다. 이렇게 열렬한 사랑의 대상이었는데 한마디로 바람이 난 것입니다.

질투하시는 하나님

성경은 곳곳에 질투하시는 하나님이시라고 합니다. 우리가 질투하시는 하나님이라는 표현을 덤덤히 이해하면 하나님이 섭섭해 하십니다. 질투한다는 말의 이면에는 사랑이 있습니다. 연애할 때 함께 걷고 있는데 여자친구가 다른 남자에게 눈길만 줘도 기분이 나빠지는 것입니다. 그런데 지금 이스라엘은 힐끗 보는 정도가 아니라 우상에게 몸을 드렸습니다. 완전히 음탕한 음부가 되어버린 것입니다. 하나님과 사랑해야 할 연인, 이스라엘 백성이 간음한 여인이 되어버렸습니다. 그러니 인간적으로 표현하자면 하나님의 마음이 얼마나 화덕을 뒤집어 쓴 것 같으실까요. "세상에 이럴 수가 있나. 내가 저들을 얼마나 기뻐했는데!" 하고 망연자실하실 수밖에 없는 것이지요.

에브라임의 영광이 새같이 날아가리니 해산하는 것이나 아이 배는 것이나 임신하는 것이 없으리라(11절).

영광이 날아가는데 왜 해산과 아이 배는 것, 그리고 임신하는 것이 없습니까? 그들의 가문을 끝내시겠다는 뜻입니다. 가문 자체가 멸절될 것을 예고하시는 것입니다. 그렇다면 에브라임의 영광이 무엇입니까? 창세기 41장으로 여행을 떠나봅시다. 에브라임이라는 이름의 뜻은 '번성하다', '두 배나 받다'라는 뜻입니다. "요셉이 그의 장남의 이름을 므낫세라 하였으니 하나님이 내게 내 모든 고난과 내 아버지의 온 집 일을 잊어버리게 하셨다 함이요"(창 41:51). 요셉이 얼마나 험난한 인생길을 걸었으면 기억조차 하기 싫어서 아이를 낳자마자 이름을 므낫세, 즉 지난 모든 서러움, 환란, 고난, 서글픔, 괴로움을 내가 다 씻어버리겠다고 했겠습니까. 이어서 52절은 이렇게 말씀합니다. "차남의 이름을 에브라임이라 하였으니 하나님이 나를 내가 수고한 땅에서 번성하게 하셨다 함이었더라." 그러니까 에브라임은 과거의 어두움, 슬픔이 끝나고, 이젠 번성하게 되는 일밖엔 없습니다. 이러한 사명을 가지고 이 땅에 난 인물이 요셉의 둘째 아들이었던 에브라임입니다.

창세기 49장 22절을 보겠습니다. 야곱이 임종 직전에 열두 아들을 쭉 앉혀놓고 한 사람씩 앞으로 불러 그 후손들에게 일어날 일들에 대해서 마지막 유언 같은 축복의 기도를 합니다. 그 중에서도 요셉의 순서가 다가왔습니다. "요셉은 무성한 가지 곧 샘 곁의 무성한 가지라. 그 가지가 담을 넘었도다"(22절).

에브라임의 영광

요셉의 두 아들, 므낫세와 에브라임이 샘 곁의 무성한 가지처럼 되겠다고 했습니다. 시편 1편에 복 있는 사람은 물가에 심은 나무와 같다고 했습니다. 물이 마르지 않는 한 그 나무는 사철을 따라 열매를 맺도록 되어 있습니다. 요셉의 자손들이 샘 곁에 심은 나무처럼 번성하겠다는 것입니다. 이어서 23절에 "활 쏘는 자가 그를 학대하며 적개심을 가지고 그를 쏘았으나" 하고 말씀합니다. 요셉을 죽이려고 형들이 애굽의 노예 상인에게 판 일, 또 보디발의 집에서 당한 억울한 일, 국사범을 가두는 옥에 갇힌 일 등 이 모든 일들이 활 쏘는 자의 학대였습니다. 그러나 하나님이 요셉을 어떻게 축복해주셨습니까? "요셉의 활은 도리어 굳세며 그의 팔은 힘이 있으니 야곱의 전능자 이스라엘의 반석인 목자의 손을 힘입음이라"(24절).

이것이 요셉의 집안, 다시 말해서 에브라임이 누리도록 되어 있었던 하나님의 영광입니다. 그러나 호세아서 9장으로 다시 돌아가보면 이런 에브라임의 영광이 "새같이 날아가리니 해산하는 것이나 아이 배는 것이나 임신하는 것이 없으리라"고 합니다. 창성해야 할 에브라임의 후손이 받을 복과는 완전히 거리가 먼 모습을 여기서 보여줍니다.

> 혹 그들이 자식을 기를지라도 내가 그 자식을 없이하여 한 사람도 남기지 아니할 것이라. 내가 그들을 떠나는 때에는 그들에게 화가 미치리로다(호 9:12).

파산한 에브라임

해산함이 없으니까 자연히 양육하는 일도 없어질 것입니다. 그리고 하나님이 떠난다 하십니다. 아이들이 부모에게서 듣는 가장 무서운 말은 "너, 말 안 들으면 엄마 집 나간다"는 말입니다. 제 어머니도 고집이 센 누이와 저를 야단치시면서 "너희 이런 식으로 싸우면 산에 숨어버린다"고 하셨는데, 어린 마음에 정말 겁이 났습니다. 그렇지 않아도 보따리 행상을 하셨던 어머니는 한번 집을 나가시면 동두천, 의정부, 서울 일원을 누비며 장사하시느라 며칠씩 집에 못 들어오실 때가 있었습니다. 그러니 '숨어버린다'는 말을 들으면 기분이 어땠겠습니까. 마찬가지입니다. 이스라엘 백성에게 가장 무서운 경고는 하나님이 떠나시겠다는 것입니다. 하나님이 함께하지 않으시는 것입니다. 예수께서 이 땅에 오실 때 그 이름이 임마누엘이었습니다. "우리와 함께하시는 하나님"입니다. 우리에게 떠났던 하나님의 임재를 회복하신 분이 바로 예수님이신 것입니다.

우리와 함께하시는 하나님

"내가 보건대 에브라임은 아름다운 곳에 심긴 두로와 같으나 그 자식들을 살인하는 자에게로 끌어내리로다"(13절). 두로는 호남평야로 비유할 수 있습니다. 곡창 지대, 기름진 땅을 말합니다. 거기에 씨만 떨어지면 모든 것들이 저절로 결실하는 그런 땅입니다. 그러나 이제부터 하나님의 형벌과 응당한 채찍이 가해질 것입니다. "여호와여 그들에게 주소서. 무엇을 주시려 하나이까. 아이 배지 못하는 태와 젖 없는 유방을 주시옵소서"(14절). 14절은 호세아의 기도인데, 기도의 내용이 무엇입니까? 배지 못하는 태와 젖 없는 유방입니다. 조심할 것은 이것이 저주가 아니라는 사실입니다. 호세아의 기도는 차라리 차선책을 위한 기도입니다. 이스라엘이 받아야 할 저주가 너무나 기가 막히고 너무 아픈 것입니다. 그러느니 차라리 저들에게 젖 없는 유방을 주시라는 것입니다.

누가복음 23장 29절은 우리 주님의 말씀인데, 호세아의 심정과 정확하게 일치합니다. "보라, 날이 이르면 사람이 말하기를 잉태하지 못하는 이와 해산하지 못한 배와 먹이지 못한 젖이 복이 있다 하리라." 해산하지 못한 배와 먹이지 못한 젖이 복이 있다고 했습니다. 어느 날입니까? 환난 날입니다. 얼마나 무서운 형벌이 가해지는 날이면 이렇게 말씀하셨겠습니까. 우리가 아이들을 키우다가, 아이들이 정말 지긋지긋하게 말을 안 들으면 이런 말을 합니다. "내가 저것을 낳고 미역국을 먹었다니." 지금 호세아도 같은 심정으로 기도하는 것입니다.

> 그들의 모든 악이 길갈에 있으므로 내가 거기에서 그들을 미워하였노라. 그들의 행위가 악하므로 내 집에서 그들을 쫓아내고 다시는 사랑하지 아니하리라. 그들의 지도자들은 다 반역한 자니라(호 9:15).

길갈은 이스라엘 백성이 가나안 땅에 들어와서 최초로 정착한 곳입니다. 요단강 한가운데 있던 돌을 주어다가 그곳에 놓고 그곳 이름을 길갈이라고 했습니다. 길갈은 영어로 휠Wheel, 곧 수레바퀴라는 뜻입니다. '우리의 사백삼십 년의 모든 수치와 모든 고통스러웠던 삶, 사십 년의 방황했던 불순종의 삶, 이 모든 애굽의 수치가 굴러간 장소다. 여기서 모든 어두운 죄와 과거와 환난들이 다 멈추고 다 굴러갔다'는 뜻을 담고 있습니다. 그렇게 영광스러운 장소였습니다. 그래서 세월이 흐르면서 거기에 하나님의 선지동산을 세웠습니다.

불순종의 삶

그러나 지금 성경은 저희의 모든 악이 길갈에 있다고 고소합니다. 아름다운 선지동산이 있던 곳, 영광의 추억이 있던 장소가 왜 이와 같은 저주의 장소가 되고 말았습니까? 생각해보겠습니다. 오늘날 교회도 이와 같이 될 수 있습니다. 하나님의 말씀이 사라질 때, 교회도 길갈처럼 하나님의 영광을 드러내야 할 현장이 하나님의 영광을 욕되게 하는 범죄의 현장으로 바뀔 수 있습니다. 교회들이 교권, 금권을 놓고 싸웁니다. 권위주의에 사로잡혀 있습니다. 그러니 비복음적이며, 당연히 비도덕적입니다. 목사가 요즘 완전히 박수무당처럼 되어버렸습니다. 담임목사 숭배가 극성을 부리고 있습니다. 교회가 그렇게 변질되고 타락하게 되면 하나님이 그들을 하나님의 집에서 쫓아내신다고 합니다. 하나님의 집은, 여기서 총회assembly, 또는 하나님의 기업을 말합니다. 아름답고 광대한 약속의 땅, 오늘날 우리에게는 그리스도 안에 있는 자유롭고 풍성한 삶입니다. 여기서 축출되는 것입니다. 하나님의 유업을 잇지 못하게 될 것이라는 뜻입니다.

16절엔 이런 말이 있습니다. "에브라임은 매를 맞아 그 뿌리가 말라 열매를 맺지 못하나니 비록 아이를 낳을지라도 내가 그 사랑하는 태의 열매를 죽이리라." 매를 맞았다는 말은 상처를 입었다는 뜻입니다. 아프다는 말입니다. 창세기 49장에서 요셉의 자손, 에브라임에게 주신 하나님의 약속이 뿌리가 말라 과실이 없는 나무처럼 된 것입니다. "그들이 듣지 아니하므로 내 하나님이 그들을 버리시리니 그들이 여러 나라 가운데에 떠도는 자가 되리라"(호 9:17)는 말씀은 첫 살인자 가인을 연상시킵니다. 가인이 동생을 죽이고 나서 하나님께 받은 형벌이 유리하는 자가 되는 것입니다. 집 없는 자, 거할 성이 없는 자가 될 것이라는 뜻입니다.

후손들에게 끼칠 영향

오늘의 본문을 보면서 깨달아야 할 것이 있습니다. 조상들이 뿌린 악의 열매가 후손들의 목덜미를 쥐게 된다는 교훈입니다. 우리가 뿌린 악의 씨들이 세월이 흘러서 후손들에게 악한 영향으로 작용한다는 것입니다. 여기서 우리는 중요한 것을 깨달아야 합니다. 오늘 나의 삶이 여기서 끝나면 나는 갈 것이지만 오늘의 나의 삶은 오늘로 끝나는 것이 아닙니다. 그것이 체인처럼 연결이 되어서 후손들에게 작용합니다. 오늘 하루의 간단한 삶 같지만 쉽게 생각하면 안 되는 이유가 여기 있습니다. 이것이 호세아 선지자가 오고 오는 후손들에게 말하려는 요지입니다. 에브라임에게 주어졌던 그 찬란한 약속의 영광이 불순종의 결과로 후손들에게 악영향을 주었습니다. 악은 조상이 뿌리고 그 열매를 후손들이 먹는다는 말입니다. 그러므로 우리는 바른 역사관, 섭리에 관한 무거운 생각을 가지고 살아야 합니다. 역사는 단절되어 있지 않습니다.

예배자가 걷는 길

1. '질투하시는 하나님'은 다신론 시대에 만들어진 유치한 신을 비유한 말이라는 사람들도 있습니다. 나의 생각은 어떠합니까? 하나님은 나의 어떤 태도와 자세를 질투하십니까?
2. 하나님의 부재가 왜 인간에게 극형이 됩니까? 나는 현재 하나님의 임재를 어떤 면에서, 어느 정도로 경험하고 있습니까?
3. "조상들이 뿌린 악의 열매가 후손들의 목덜미를 쥐게 된다"는 저자의 이해와, 가계에 흐르는 저주론은 어떻게 다릅니까? 왜 가계 저주론을 공증된 교리처럼 함부로 말해서는 안 됩니까?

예배자가 읽는 책

'인스턴트', '소프트', '쿨…' 이런 것들이 요즘 식의 사랑인가요? 신앙도 역시 '나만 바라봐'의 종교판으로 변환하여 내가 무슨 짓을 해도, 그분의 특권을 다 누릴 수 있다고 생각합니까? 이런 생각을 하고 있었다면, 존 맥아더의 《하나님의 사랑*The Love of God*》을 권합니다. 하나님의 사랑은 그렇게 소프트하지도 쿨하지도 않습니다. 질투하고 경쟁하는 사랑, 라이벌과 경쟁을 용납하지 않는 쫀쫀한 사랑입니다. 이 책을 읽고, 하나님의 사랑에 눈 뜨게 되길 바랍니다.

10

조건이 없었기에 가능한 일

사랑의 결실: 어디서 왔고, 어디로 갈 것인가

호 11:1-9

내가 나의 맹렬한 진노를 나타내지 아니하며 내가 다시는 에브라임을 멸하지 아니하리니 이는 내가 하나님이요 사람이 아님이라 네 가운데 있는 거룩한 이니 진노함으로 네게 임하지 아니하리라.

사람들은 흔히 과거는 흘러갔다고 하지만, 이스라엘 백성을 회복하시는 데 가장 중요한 단서는 과거를 추적하는 것입니다. 다시 말해서, 초심으로 돌아가게 하는 것입니다.

호세아서는 크게 세 부분으로 나눕니다. 1-3장까지는 호세아 가정의 개인적인 비극이 설명되고 있습니다. 그리고 4-10장까지는 이스라엘 백성의 철저한 타락의 현장을 보도합니다. 이제 분위기가 완전히 반전되어, 11-14장까지는 이스라엘 백성을 향한 하나님의 회복이 시작됩니다. 문학적인 감각이 있는 독자라면 1-4절에서 몇 가지 중요한 과거형 동사를 감지할 수 있습니다. 바로 '내가 사랑했다', '가르쳤다', '너를 이끌었다'입니다.

이스라엘이 어렸을 때에 내가 사랑하여(호 11:1).

'사랑하여'라는 말은 '택하여'라는 뜻으로 번역할 수 있습니다. 로마서에도 야곱과 에서가 태중에 있었으나 하나님이 '야곱을 사랑하셨다'고 했는데, 이 말은 '택하여'라는 뜻입니다. 사랑의 중요한 속성에는 하나님이 무조건 구별

했다, 택했다는 뜻이 들어 있는 것입니다.

그러나 내가 에브라임에게 걸음을 가르치고(3절).

사랑하고 택하심

한글성경에는 '가르치고'라고 나와 있는데, 히브리 문법에 충실하게 번역하려면 대과거, 즉 '가르쳤었고'라고 할 수 있습니다. 4절을 보면 "내가 사람의 줄, 곧 사랑의 줄로 그들을 이끌었고"라는 말씀이 나옵니다. 여기의 '이끌다' 역시 대과거입니다.

첫째는 사랑했다, 즉 택했다고 말씀하십니다. 두 번째 불러냈다는 말은 애굽에서의 삶과 연결지어 쓰는 말입니다. 3절에 보니, 불러내서 "에브라임에게 걸음을 가르치고"라고 합니다. 하나님은 이스라엘 백성을 가르치기 위해서 광야에서 이들에게 율법을 수여하셨습니다. 율법이란 지체 높은 주인집 자제들을 가르치는 노예 가정교사라고 바울이 갈라디아서 4장에서 말했습니다.

초심을 간직하자

여기서 한 가지 곰곰이 생각해보면 회복의 시작은 과거를 들추어내는 것에서 시작함을 볼 수 있습니다. 하나님은 자신의 원래 자리에서 이탈하여 정체성을 상실해버린 이스라엘 백성의 가슴속에서 과거를 이끌어내십니다. "너희가 원래 어느 자리에서 출발한 존재인 줄 아느냐? 내가 사랑해서 조건 없이 불러내었다" 하고 말씀하셔서 그들의 옛 상태를 추억케 합니다. 사람들은 흔히 과거는 흘러갔다고 하지만, 이스라엘 백성을 회복하시는 데 가장 중요한 단서는 과거를 추적하는 것입니다. 다시 말해서, 초심으로 돌아가게 하는 것입니다.

우리 자신을 향해 정직한 질문을 던져보겠습니다.

하나님 앞에서 은혜 받았을 때, 감격에 겨워 몸을 떨었던 그 초심의 마음을 아직도 유지하고 있습니까? 지금도 그 마음을 가지고 있습니까? 초심이 회복되어야 합니다. 단지 외형적인 변화에 만족해서는 안 됩니다. 더 근본적인 병든 마음, 의식, 관점이 이번 기회에 초심으로 돌아가 고침을 받아야 하는 것입니다. 이런 의미에서 11장은 이스라엘 백성의 회복의 시작이지만 과거형 동사가 나오는 것입니다.

바울의 역사 의식

신자에게는 역사 의식이 있어야 합니다. 역사 의식이라는 말은 그렇게 어려운 말도 아니고 우리 개개인에게 그리 멀리 떨어져 있는 말도 아닙니다. 사도 바울은 네로 황제의 법정에 붙잡힌 몸이 되어서 "이제 후로는 나를 위하여 의의 면류관이 예비되었으므로 주 곧 의로우신 재판장이 그날에 내게 주실 것이며 내게만 아니라 주의 나타나심을 사모하는 모든 자에게니라"(딤후 4:8)고 말하고 있습니다. 바울의 역사 의식은 장차 마지막에 심판하실 하나님을 의식하는 데서 비롯됩니다. 우리는 어떤 역사 의식을 가지고 있습니까? 간단히 이 세 질문만 할 수 있으면 됩니다.

나는 어디서 온 존재인가?
나는 현재 어디에 서 있는가?
나는 어디로 갈 것인가?

역사 의식의 중요성

이 세 질문에 확고히 답변할 수 있다면 역사 의식이 투철하다고 할 수 있습니다. 우리는 과거에 어떤 존재였습니까? 진노의 형벌 속에 죽을 수밖에 없었던 존재입니다. 그러나 우리는 지금 어디에 서 있습니까? 풍성한 생명 강가에 서 있습니다. 앞으로 우리는 어디로 갈 것입니까? 하나님이 약속하신 영원한 나라에 관한 약속을 바라보고 오늘을 살고 있습니다. 이 역사 의식만 정확히, 그리고 확고히 붙들고 서 있으면 인생을 살면서 바람이 불더라도, 홍수가 몰아치더라도 흔들릴 이유가 없습니다. 역사 의식이 없기 때문에 조그만 가랑비에도 호들갑을 떨고 세상이 끝날 것처럼 덤벙거리는 것입니다.

그러면 이스라엘의 과거로 한 번 돌아가봅시다.

첫째, 1절을 보십시오. "이스라엘이 어렸을 때에 내가 사랑하여 내 아들을 애굽에서 불러냈거늘." '내가 사랑하여'라는 말 앞에 어떻게, 왜 사랑했는지 단서나 조건이나 이유가 없습니다. 남녀 간의 사랑조차도 조건이 있습니다. 한 사람이 먼 나라에 있어 가장 친한 친구의 결혼식에 참석하지 못했습니다. 오랜 시간이 지난 후 신혼집에 초대를 받았습니다. 그때서야 친구의 신부를 볼 수 있었습니다. 신부가 잠시 자리를 뜬 틈을 타서 친구가 신랑에게 묻습니다. "아니, 자네 무엇을 보고 결혼을 했나? 만날 절세미인만 찾더니 그래 기껏 고른다는 것이 저런 박색을 골랐나?" 그러자 신랑이 이러더랍니다. "저 뒷모습을 한 번 봐." 뒷모습은 기가 막히게 아름다웠습니다. 인간 세상에 이유 없는 사랑이 어디에 있습니까. 다 어딘가가 예뻐서, 어딘가가 좋아서 택하는 것입니다. 그러나 하나님의 사랑에는 조건이 없습니다. 원수의 자리에 있던 우리를 친구로 불러낸 사랑입니다.

종에서 아들로

하나님은 이스라엘 백성을 애굽에서 종살이 시키다가 불러내셨습니다. 이 장면을 신약성경에서는 "그 아버지가 정한 때까지 후견인과 청지기 아래에 있나니"(갈 4:2)라고 말씀합니다. 당시 노예제도와 로마 사람들의 자식에 관한 개념을 이해하지 못하면 이 본문을 이해하기 어렵습니다. 로마 사람들은 자식들에게 상당히 강한 교육을 시켰습니다. 성인식을 하기 전까지는 종이나 자식이나 별 구분 없이 막 키웁니다. 노예 중에도 똑똑한 노예들이 있습니다. 이 노예들 중에 자기 아들을 맡아 가정교사로 한 사람을 택하여 자신의 아들을 가르치게 하는 것입니다. 다 가르치고 나면 가정교사가 그 주인에게 와서 "주인의 종이 인간다운 인간이 되었습니다"라고 보고를 합니다. 여기서 주인의 종이란 말은 주인의 아들을 말합니다. 성인식까지는 아들도 종이기 때문입니다. 아버지의 판단에 훈련을 마쳤다고 생각될 때 성인식을 합니다. 성인식을 거쳐야만 진짜 아들이 되는 것입니다. 아버지의 상속자로서, 아들로서 자격이 주어집니다. 이러한 맥락에서 본문 2절을 보겠습니다.

선지자들이 그들을 부를수록 그들은 점점 멀리하고.

이제 이 말의 의미를 이해하시겠습니까? 하나님은 이스라엘 백성을 무조건적으로 사랑하셔서 아들을 삼으셨습니다. 그리고 그들을 가르치기 위해 광야로 이끌어냈습니다. 아이들에게는 사춘기가 있기 마련입니다. 광야 시간은 사춘기와도 같습니다. 사춘기에는 이유 없이 반항합니다. 그럴 때 부모 입장에서 가장 조심해야 할 것이, 비논리적인 설득이나 완강한 방법을 이용한 훈육입니다. 우리는 잔소리하면 고쳐질 줄로 생각합니다. "너, 나이가 지금 몇인데, 엄마 마음을 이렇게 이해하지 못하고, 너 정말 왜 이래. 너 이래서 되겠어?" 이런 말 해봐야 아무 효과 없습니다. 아이가 그것을 모르는 줄 아십니까? 알면서 그럽니다. 이때 부모들은 자식을 기다려줘야 합니다. 하나님이 어떻게 하셨습니까? 40년을 데리고 다니면서 기다리셨습니다. 속이 썩으면서도 기다려주시는 것입니다. 지금도 우리를 향해 이런 인내를 가지고 기다려주십니다.

광야의 훈육

그러나 내가 에브라임에게 걸음을 가르치고 내 팔로 안았음에도 내가 그들을 고치는 줄을 그들은 알지 못하였도다(3절).

안고, 데리고 다니면서 가르치는데도 그들이 그것을 하나님의 교육으로 이해하지 못하고 있다는 말입니다. 사춘기 아이들이 부모의 사랑을 제대로 이해합니까? 모든 것이 불만입니다. '왜 나는 이런 집구석에 태어났을까.' 심지어 극단적인 아이들은 '우리 엄마, 아버지 빨리 안 죽나.' 이렇게 생각하는 아이들도 많습니다. 또 걸핏하면 '죽어버릴까' 하고도 생각합니다. 부모의 사랑이 무엇인지 전혀 모릅니다.

그들은 애굽 땅으로 되돌아가지 못하겠거늘 내게 돌아오기를 싫어하니 앗수르 사람이 그 임금이 될 것이라. 칼이 그들의 성읍들을 치며 빗장을 깨뜨려 없이하리니 이는 그들의 계책으로 말미암음이니라(5-6절).

다시 가지 말아야 할 애굽 땅으로 도망가고 말았습니다. 하나님이 어떻게 하셨습니까? 앗수르 사람이 그들의 임금이 될 것이라고 하셨습니다. 하나님을 의지하지 않고 의지해서는 안 될 상한 갈대와 같은 애굽을 의지하러 간 이스라엘 백성을 하나님이 쳐서 앗수르로 하여금 완전히 이스라엘을 점령토록 하시겠다고 천명하십니다.

> 내 백성이 끝끝내 내게서 물러가나니 비록 그들을 불러 위에 계신 이에게로 돌아오라 할지라도 일어나는 자가 하나도 없도다(7절).

잘못된 결심들

사춘기 아이들도 나름대로 결심합니다. 가출 결심, 밥 안 먹을 결심, '내가 죽어도 말하나 봐라' 하면서 말 안할 결심도 합니다. 반역을 하는 이 무리들도 나름대로 하나님 앞에 결심을 하고 각오를 합니다.

여기까지가 이스라엘 백성의 과거 그리고 현재의 모습입니다. 그들이 이러한 형편에 처했으나 일어나는 자가 하나도 없습니다(7절). 그러나 아버지께 돌아갈 자가 하나도 없다 할지라도 "그래 좋다. 그럼 여기서 끝내자" 하면서 부모 자식 간의 관계를 정리하는 부모는 없습니다. 부모는 포기하지 못합니다. 하나님도 우리를 포기하지 않으십니다. 이 백성을 하나님이 어떻게 다시 일으키시는가를 4절이 이렇게 약속합니다.

내가 사람의 줄 곧 사랑의 줄로 그들을 이끌었고(4절).

사랑의 줄

사랑의 줄은 무엇이고 사람의 줄은 무엇입니까? 유대인 어머니의 교육방법을 알면 이해가 쉽습니다. 유대인 어머니들은 아이들을 키우며 다른 가사일도 해야 하므로, 아이와 자기를 줄로 묶습니다. 유대인 어머니들은 대개 이 줄을 자기 허리에 묶습니다. 이렇게 하면 아이가 자기 혼자 멀리 간다든지 위험한 곳에 떨어진다든지 하지 않습니다. 사람의 줄, 사랑의 줄이란 바로 이러한 줄을 말합니다. 아이 엄마가 아이에게 일어날 수 있는 사고를 방지하기 위해 줄로 자기 허리에 묶듯이, 택한 백성과 하나님 사이에도 보이지 않는 사랑의 줄이 있다는 것입니다. 하나님은 이 줄을 강제로 잡아당기지 않으십니다. 우리가 힘써 하나님을 거역하고 배반하고 가도 이 줄이 끊어지지 않습니다. 멀리 갔다가도 돌아오게 돼 있습니다.

8절을 보십시오. "에브라임이여, 내가 어찌 너를 놓겠느냐. 이스라엘이여, 내가 어찌 너를 버리겠느냐. 내가 어찌 너를 아드마같이 놓겠느냐. 어찌 너를 스보임같이 두겠느냐. 내 마음이 내 속에서 돌이키어 나의 긍휼이 온전히 불붙듯 하도다." 내가 너를 어떻게 기르고 양자 삼은 자식인데 네가 멀리 간다 한들 너를 포기할 수 있겠느냐는 말씀입니다. 여기 두 지명이 나옵니다. 아드마와 스보임입니다. 이 두 도시는 소돔과 고모라가 멸망할 때 함께 망한 네 개 도시 중 둘을 말합니다.

> 내가 나의 맹렬한 진노를 나타내지 아니하며 내가 다시는 에브라임을 멸하지 아니하리니 이는 내가 하나님이요 사람이 아님이라. 네 가운데 있는 거룩한 이니 진노함으로 네게 임하지 아니하리라(9절).

여기 하지 않겠다는 약속이 삼중으로 나오고 있습니다. 그 내용이 무엇입니까? '진노를 나타내지 않겠다', '멸하지 않겠다', '진노함으로 임하지 않겠다'는 것입니다. 왜 세 번 강조합니까? 숫자 3은 하나님의 숫자입니다. 하나님의 속성과 거룩한 영광을 걸고 이 약속을 하십니다.

빌리 그레이엄에게는 프랭클린이라는 아들이 있습니다.

결코 정죄함이 없나니

오래 전 빌리 그레이엄의 마음에 큰 짐이 있었다면 아들이었습니다. 아들은 오토바이 폭주족에, 히피에, 알코올과 마약 중독자 생활을 했습니다. 사람들은 빌리 그레이엄을 세계적인 전도자로 존경하는데 정작 아들은 이런 상태였던 것입니다. 세계 어느 곳을 돌아다니든지 이것이 마음의 멍에, 무거운 십자가였습니다.

이 아들이 세계를 홍청망청 돌아다니다가 어느 호텔에 들어가게 되었습니다. 그 당시 어느 호텔이든지 책상 서랍에는 기드온협회에서 나온 성경이 비치되어 있습니다. 프랭클린은 우연찮게 성경을 읽다가 어릴 적부터 아버지가 자신에게 들려주던 로마서 8장 1절을 보게 되었습니다. "그러므로 이제 그리스도 예수 안에 있는 자에게는 결코 정죄함이 없나니."

프랭클린 그레이엄의 마음속에는 늘 어두운 그림자가 있었습니다. '나 같은 알코올, 마약 중독자, 나 같은 히피 폭주족이 어떻게 하나님의 사랑을 받겠는가' 하는 가책이었습니다. 이 마음의 짐 때문에 하나님께 돌아오고 싶어도 그렇게 하지 못하고 있었습니다. 기독교 가정에서 자란 아들이 히피 폭주족에 중독자가 되었으니 얼마나 갈등이 있었겠습니까. 그러나 그는 그 날 호텔방에서 로마서 8장 1절의 말씀에 부딪쳐 놀라운 자유를 얻었습니다. 그 후로 예루살렘으로 가서 신학을 공부했습니다. 지금은 과거의 어두웠던 삶을 청산해버리고 아버지의 뒤를 이어 세계를 다니면서 그리스도 안에 결코 정죄함이 없다는 복음을 전하는 사역자로서 살아가고 있습니다. 우리에게 향하신 하나님의 사랑, 그의 허리에 매인 사랑의 줄, 사람의 줄이 우리를 끝내는 돌아오게 합니다.

예배자가 걷는 길

1. '사랑하다'가 성경에서는 왜 '택하다'라는 뜻도 됩니까? 택함은 왜 사랑의 중요한 요소가 됩니까?
2. 신앙의 초심으로 돌아간다는 말은 어떤 의미입니까? 초심으로 돌아감이 과거에 베푸신 은혜를 헤아려 마음에 새김이라는 뜻이 있다면, 이것은 성경적 신앙이 그저 과거의 감격과 눈물을 추억하는 것이라는 의미입니까?
3. 왜 그리스도인에게는 역사 의식(시간관념)이 중요합니까?
   a. 나는 어디서 온 존재인가?
   b. 나는 현재 어디에 서 있는가?
   c. 나는 어디로 갈 것인가?
   이 세 가지 질문에 스스로 답해보십시오.
4. 바울은 광야생활을 훈련으로 파악하고 있습니다. 왜 이러한 훈련이 아들됨에서 그렇게 중요합니까? 바울 시대 그레코로만 세계의 관습을 생각하면서 대답해보십시오.
5. '사랑의 줄'은 어떤 줄을 말합니까? 이 줄이 지금 나의 허리에 매어 있습니까?

예배자가 읽는 책

E. K. 베일리, 《호세아: 하나님께 순종한 선지자*The Prophet and the Prostitute*》는 제목이 던져주는 긴장 그리고 선지자Prophet와 창녀Prostitute의 영어 발음이 주는 묘한 여운만큼이나 호세아서 전체를 관통하는 언약의 하나님, 반역하는 인생, 그들을 다시 자기 앞으로 돌이켜놓으시는 하나님의 자비와 은총을 박진감 있게 그려놓았습니다.
《믿음은 그런 것이다》에서도 소개했지만 김서택 목사는 보기 드문 강해 설교가입니다. 그의 《하나님의 불붙는 사랑》은 호세아 강해서인데 축조술로서 강해설교의 아름다움과 능력을 보려면 이 책을 보십시오.

11

선한 바를 받으소서

사랑의 귀착: 반역을 고치시는 하나님

호 13:16-14:9

내가 그들의 반역을 고치고 기쁘게 그들을 사랑하리니 나의 진노가 그에게서 떠났음이니라. 내가 이스라엘에게 이슬과 같으리니 그가 백합화같이 피겠고 레바논 백향목같이 뿌리가 박힐 것이라.

성경에서 가장 무서운
반역과 죄는 시간을
낭비하는 것입니다.
내 맘대로 살겠다고 버티고
제 길로 감으로써 시간을
낭비합니다. 시간을
낭비함으로써 정신을
낭비하고 마음을 낭비하며,
돈과 몸을 낭비합니다.

킹제임스 역본에 많이 의지한 한글성경은 호세아서 13장 16절이 13장에 있으나, 이와 달리 맛소라 사본은 14장의 1절을 구성하는 구조로 돼 있습니다. 맛소라 사본의 장 배속을 따르는 편이 문맥 파악에 더 도움이 된다고 봅니다. 16절을 보도록 하겠습니다. "사마리아가 그들의 하나님을 배반하였으므로 형벌을 당하여 칼에 엎드러질 것이요 그 어린아이는 부서뜨려지며 아이 밴 여인은 배가 갈라지리라."

공의와 사랑의 입맞춤

살벌한 표현이 많이 나옵니다. 사마리아는 북 이스라엘의 수도입니다. 사마리아는 당시 이스라엘의 정치와 경제의 중심지였습니다. 이 도시는 많은 죄와 우상의 온상 노릇을 했습니다. 이 처참한 형벌의 예고는 사실상 은총입니다. 하나님이 자신의 자녀들을 소망 가운데로 이끌어내실 때에는 반드시 대가를 치르게 하십니다. 하나님의 공의는 언제나 사랑과 입맞춤합니다. 가장 대표적으로 드러난 것이 십

십자가의 사랑

자가입니다. 하나님의 공의가 증명된 장소임에도 십자가에는 하나님의 사랑이 드러나 있습니다. 하나님이 우리를 용서하신다고 해서 "좋아, 좋아. 그냥 없던 것으로 하지. 자, 이제 없던 것으로 한다." 이렇게 하지 않으십니다. 저지른 죄에 대해서는 반드시 대가를 치르도록 아픔을 주십니다.

호세아 14장 전체는 하나님이 이스라엘을 진정한 꿈과 희망으로 초대하시는 장면을 만날 수가 있습니다. 그러나 반드시 통과해야 할 것이 있는데, 그것은 죄의 대가를 치러야 한다는 것입니다. 이것이 하나님의 사랑입니다. 그리고 호세아 선지자의 아픈 사랑이었습니다. 사랑할 수 없는 여인을 좇아가서 사랑해야 했습니다.

사마리아의 형벌을 예고하고 있습니다. 벌을 받아야 진정한 용서가 됩니다. 이 땅에는 죄과를 그저 사면 받을 어떤 인생도 존재하지 않습니다. 하나님의 공의가 얼마나 무섭습니까? 저지른 죄에 대해서는 시공을 넘어서 죄의 대가를 추궁받게 됩니다. 이것이 하나님의 공의입니다. 그러나 그 공의는 십자가에서 죄 없으신 아들을 대신 죽임으로써 하나님의 사랑과 입맞춤했습니다.

13장 16절에서는 사마리아라고 부르셨으나, 14장 1절에서는 호칭이 이스라엘로 바뀝니다. 이스라엘은 영광스러운 이름입니다. 야곱이 얍복 강가에서 브니엘의 아침을 만날 때에 이스라엘이라는 새 이름, 즉 새로운 운명과 존재를 얻었습니다. 이 이름이 국호가 된 것입니다.

> 이스라엘아, 네 하나님 여호와께로 돌아오라. 네가 불의함으로 말미암아 엎드러졌느니라.

죄, 하나님을 떠난 상태

이들이 엎드러질 수밖에 없었던 원인은 그들의 불의함 때문이었습니다. 불의는 히브리말로 죄입니다. 여기서 우리는 죄의 개념을 정리할 필요가 있습니다. 무엇이 죄입니까? 도둑질하고 거짓말하는 것입니까? 성경은 일차적으로 윤리나 도덕적인 차원에서 죄라고 규명한 적이 없습니다. 여기서 말하는 불의의 진정한 뜻은 "하나님을 떠나 있는 상태"입니다. 왜 사람들이 갈수록 죄악을 먹고 마시며 타락하고 흉포한 죄를 짓습니까? 이것은 그 자체가 죄가 아니라 죄인이기 때문에 그런 증상들이 나타나는 것뿐입니다. 가인이 아벨을 죽였기 때문에 살인자가 아니라, 그 속에 살인이라는 죄의 씨가 있었기 때문에 살인을 한 것입니다.

인간 문제의 근원

감기라는 바이러스가 들어가면 그 바이러스 때문에 몇 가지 증상이 나타납니다. 목이 아프고 두통이 나고, 심하면 구토가 나고 열이 납니다. 열, 구토, 목이 아픈 것, 머리 아픈 것, 눈이 따끔거리는 것, 이런 것들은 이 자체가 감기가 아니고 바이러스가 몸 안에 들어감으로써 나타나는 증상입니다. 이 땅에서 벌어지는 수많은 죄악의 현상들은 하나님을 떠나 있기 때문에 나타나는 증상에 불과합니다. 세속적인 교육학자들은 이런 증상들을 개선해보고 다스리기 위해서 교육을 시킵니다. 그러나 약간의 유익뿐, 교육으로는 인간 문제의 근원이 고쳐지지 않습니다. 교육을 시켰더니 죄를 더 교묘하게 짓습니다. 감옥에 있는 죄수를 교육을 시켰더니 위조범으로 다시 투옥되더랍니다. 차라리 글을 몰랐다면 위조죄는 안 지었을 텐데요. 이것이 하나님 없는 교육의 맹점입니다.

모든 불의를 제거하시고 선한 바를 받으소서. 우리가 수송아지를 대신하여 입술의 열매를 주께 드리리이다(호 14:2).

먼저 개념 정리를 하고 넘어가야 할 단어가 하나 있습니다. '입술의 열매'입니다. 입술의 열매로 수송아지를 대신 한다고 합니다. 수송아지는 제사를 드릴 때 외적으로 가장 필요한 제물입니다. 그러나 입술로 그것을 대신하겠다고 했습니다. 무슨 뜻입니까? 입술의 열매는 곧 찬양의 열매를 말합니다. 이스라엘은 제물을 드리는 형식만 유지한 채, 삶의 변혁이 일어나지 않은 형식적인 종교생활을 했습니다. 한마디로 제물로 자기가 살아야 할 삶을 때우는 태도의 완전한 전환을 말하는 것입니다.

기독교의 무속화

우리에게도 이런 심리가 있습니다. '오늘도 예배를 드렸는데 뭐', '십일조 드렸는데 뭐' 하면서 안심하고 한 주간, 한 달을 삽니다. 그러나 늘 전투적인 태도로 사람들과 다투고 온갖 욕을 먹으며 다닙니다. 거짓말합니다. 사기를 칩니다. 혼자 이익은 다 챙기며 절대 양보하지 않습니다. 이러면서도 예수 믿는다고 하는 것은 세속적인 복을 받으려고 하는 것입니다. 기독교를 무속신앙으로 전락시키는 대표적인 행태입니다.

입술의 열매

"말씀을 가지고 여호와께로 돌아오라"는 하나님의 말씀에 순종하는 삶을 보이라는 뜻입니다. 제물이 중요한 것이 아니고 먼저 변화된 삶을 가지고 오라는 것입니다. 여기

'선한 바'란 고쳐진 삶과 행위를 말합니다. 시편 40편 3절에 보면 "새 노래 곧 우리 하나님께 올릴 찬송을 내 입에 두셨으니 많은 사람이 보고 두려워하여 여호와를 의지하리로다"라는 말씀이 있습니다. 찬송은 듣는 것입니다. 찬송을 어떻게 봅니까? 찬송을 본다는 의미는 그 찬송의 열매가 있는 삶으로 보여준다는 뜻입니다. 예배드리는 시간에 부른 찬송 말고 일상에서 감사해서, 기뻐서, 곤고하지만 주님을 바라보는 가운데 본성처럼 찬송이 흘러나오고 있는지 자신에게 한 번 물어보십시오. 사람마다 형편이 다르겠지만 입술의 열매가 없다면 뭔가 심령에 문제가 있는 것입니다. 성도의 표식은 흥겨운 찬송, 이 찬송을 뒷받침하는 알찬 삶입니다.

호세아 14장 3절입니다. "우리가 앗수르의 구원을 의지하지 아니하며 말을 타지 아니하며 다시는 우리의 손으로 만든 것을 향하여 너희는 우리의 신이라 하지 아니하오리니 이는 고아가 주로 말미암아 긍휼을 얻음이니이다 할지니라."

3절은 이스라엘 백성의 지난 삶에 대한 반성입니다. 여기서 우리는 회개에 관해 다시 한 번 생각해볼 필요가 있습니다. 진정한 회개란 무엇인가요? 첫 번째 진정한 회개는, 먼저 인정하는 것입니다. "맞습니다!" 하면서 하나님 앞에 자신의 죄과와 죄책을 인정합니다. 3절은 이스라엘 백성이 민족적으로 하나님 앞에 어떤 죄를 저질렀는가를 그대로 실토하고 인정하는 내용입니다.

작은 실수를 인정하다

심령이 부드러운 사람은 인정을 잘합니다. 목회자는 직분의 특성상 말을 많이 하니까 실수도 많이 할 것입니다. 저를 포함해 한국 교회 목회자들은 자신의 실수를 인정하는 일에 인색하면 안 될 것입니다. 정치 지도자라도 잘못한 것은 잘못했다고 해야 합니다. 그러나 지도자들이 교만해서 실수를 인정하지 않습니다. 그것은 자기를 망하게 하는 망조입니다. 아무리 얽힌 관계라도, 아무리 어려운 난국이라도 모든 축복의 시작은 잘못을 인정함으로써 열립니다. 이혼 직전의 부부라도 실수를 인정하면 화목의 길이 열립니다. 성도들 간에도 자신의 실수를 인정하면 벽처럼 막혔던 관계가 술술 풀립니다. 사람은 본성이 죄인이라 세 살 먹은 어린아이까지 자신이 잘못한 것을 죽어도 인정을 안 합니다.

이스라엘이 자신의 잘못을 인정하자 하나님이 어마어마

한 소망 가운데로 이들을 초대하십니다.

> 내가 그들의 반역을 고치고 기쁘게 그들을 사랑하리니 나의 진노가 그에게서 떠났음이니라(4절).

축복의 원리

세상에, 이렇게 간단한 축복의 원리를 모른다니요! 빈부귀천, 유식무식을 막론하고 성경의 진리는 오묘하지만 그 오묘함은 간단함 속에 있습니다. 자기의 잘못을 인정하고 하나님 앞에 무릎 꿇고 나올 때 하나님은 "그래, 그래, 그래. 내가 다 안다"고 하십니다. 뻔히 알고 있는데도 인정하지 못합니다. 그러니까 더 밉지요. 그러니 복을 주시겠습니까! 여기 '반역'이라는 말은 히브리말로 방황입니다. 방황하면 어떻게 되지요? 우리 젊은이들, 젊음의 특권인 줄 알고 많이 방황합니다. 방황하면 시간을 낭비합니다. 이스라엘 백성이 방황한 결과 열하룻길이면 갈 가나안을 사십 년을 헤매다 들어갔습니다.

성경에서 가장 무서운 반역과 죄는 시간을 낭비하는 것입니다. 내 마음대로 살겠다고 버티고 제 길로 감으로써 시간을 낭비합니다. 그러면 시간만 낭비합니까? 시간을 낭비함으로써 정신을 낭비하고 마음을 낭비하며, 돈과 몸을 낭비합니다. 누가복음 15장에서는 '낭비하더니'라고 했는데, 낭비가 바로 방탕입니다. 주색잡기에 취해야만 방탕이 아닙니다.

"내가 그들의 반역을 고치고"라고 했습니다. 여기에서 고치는 주체가 누굽니까? 우리가 깨달아서가 아닙니다. 하나님이 하시겠다고 합니다. 내가 회개하는 것은 세상에 어떤 시간이 흘러도 안 됩니다. "천부여 의지 없어서 손 들고 옵니다"라는 것까지도 주님께 맡길 때 되는 것입니다. 회개도 하나님이 주도권을 잡으실 때 진정 가능한 것입니다. "내가 그들의 반역을 고치고 기쁘게 그들을 사랑하리니." 여기서 말하는 '기쁘게'는 '본성으로'라는 뜻입니다. 본성으로 사랑해준다는 뜻입니다. 그러니까 하나님께는 우리를 끊어내고 밀어내칠 수 없는 본성이 있다는 말씀입니다. 우리가 바로 그 대상입니다. 생각만 해도 얼마나 감사한 일입니까! 우리 한 사람, 한 사람이 하나님이 그 본성으로 사랑하실 수밖에 없는 대상이란 것입니다. 이 말씀 앞에서 내가 하나님께 사로잡혀 살 수밖에 없는 인생임을 빨리 깨닫는 사람이 성경에서는 지혜로운 사람이라고 합니다. 지혜로운 사람은 매를 덜 맞고 돌아옵니다. "그들을 사랑하리니 나의 진노가 그에게서 떠났음이니라." 죄를 인정하고 돌아오는 자녀들에게는 이렇게 큰 가슴을 열어 안아주시는 아버지의 기다리는 사랑이 있습니다. 집 떠나 재산을 탕진하고 알아볼 수 없을 만큼 몰골이 변한 그 아들을 기다리는 사랑이 있습니다. 저 멀리 아들이 오는 것을 보고 맨발로 뛰어나가 얼싸안으시는 아버지 하나님의 사랑이 있습니다. 돌아온 탕자가 아니라 아버지의 기다리는 마음을 보아야 합니다. 5절부터는 사랑의 대상인 이스라엘 자녀들을 향한 가슴 시리게 아름다운 시적인 표현이 등장합니다.

내가 이스라엘에게 이슬과 같으리니(호 14:5a).

이슬은 소리 없이 적시는 특징을 가지고 있습니다. 스바냐 선지자는 낙담한 이스라엘 백성을 향한 하나님의 사랑을 "잠잠히 사랑하며"라고 표현했습니다. 그렇습니다. 자식을 향한 부모의 사랑은 요란하지 않습니다. 그저 있는 듯, 없는 듯 늘 뒤에서 편안하게 기대어 쉴 수 있도록 잠잠히 이슬 같은 사랑을 주십니다. 그렇게 요란한 모습으로 나타나지 않고 드러나지 않고 보이지 않지만, 우리 하나님의 사랑이 언제나 이슬처럼 어느새 내 정수리부터 발끝까지 세월이 가면서 적셔주십니다.

이슬 같은 사랑

우리는 와장창 뒤집어지거나 불을 받거나 엎어져 확실한 자국 하나쯤 있어야 그것을 하나님의 사랑을 받은 것으로 압니다. 그러나 그것은 하나님이 다루다 오죽 힘이 들면 그런 독특한 방법을 썼을까, 이렇게 알아야 합니다. 하나님의 사랑은 이슬 같은 사랑입니다. 늘 젖는 사랑, 이 사랑을 받아야 합니다. 그 사람의 삶은 성경에 나온 이삭처럼 일생이 평탄합니다. 그리스도인들은 갈수록 삶이 평안해야 합니다. 나이가 들어서 나의 빈약한 인격과 실력 때문에 험한 꼴 보지 않아야 합니다. 그것이 하나님이 약속하신 코스입니다.

그가 백합화같이 피겠고 레바논 백향목같이 뿌리가 박힐 것이라(5절b).

끈질긴 하나님의 사랑

백합화는 순결과 널리 퍼지는 향기의 상징입니다. 그리고 백향목은 뿌리가 견고하여 거침없이 위로 뻗습니다. 지금 누구의 사랑을 백합화와 백향목에 빗대는 것입니까? 우리 하나님의 사랑이 이렇게 순결하고 견고하다는 뜻입니다. 일시적인 것이 아닙니다. 요즘처럼 붙었다가 떨어졌다가, 시시덕거리고, 천 년을 살 것처럼 이야기하다가 어느 날 보면 또 울고불고 도장 찍네 마네, 말장난 같은 그런 사랑이 아닙니다. 붙었다 떨어졌다 하기를 밥 먹듯이 하는 연애, 결혼 그리고 이혼 이야기는 TV에 내보내지 않았으면 좋겠습니다. 우리 젊은이들이 이런 것을 보면 결혼이란 그런 것이구나, 헤어질 수도 있는 것이고 그러다가 살 수도 있는 것이라고 세뇌될까 걱정입니다.

"그의 가지는 퍼지며 그의 아름다움은 감람나무와 같고"(6절).

감람나무의 특징은 끈질긴 생명력입니다. 어떤 비바람에도, 어떤 거친 환경에서도 쉽게 죽지 않습니다. 가출한 중고생은 한 번으로 가출이 끝나지 않습니다. 반드시 재발합니다. 밥 먹듯 가출하는 우리를 하나님은 끈질기게 사랑하십니다. 하다하다가 안 되니까, 자기 아들을 십자가에 내거시면서까지 "봐라, 내가 널 포기하는가!" 하실 정도로 고집

세게 우리를 사랑하십니다. 우리에 대한 하나님의 사랑이 얼마나 집요하고, 그분의 사랑의 고집이 얼마나 센지 모릅니다. 우리가 그 잘난 고집을 부려봐야 겨우 칠팔십 년밖에 부리지 못합니다. 그러나 하나님은 우리를 향해 영원한 고집을 부립니다.

생명력 있는 사랑

고집과 고집이 붙으면 누가 이깁니까? 고집 센 사람이 이깁니다. 그러니까 빨리 포기하고 돌아와야 합니다. 우리를 향한 하나님의 사랑에는 끈질긴 생명력이 있습니다.

그들은 곡식같이 풍성할 것이며 포도나무같이 꽃이 필 것이며 그 향기는 레바논의 포도주같이 되리라(7절).

인생의 기쁨을 회복시키는 하나님

풍성이라는 말의 히브리말의 원뜻은 '술에서 깨다', '제 정신이 돌아오다'입니다. 그러나 곡식같이 풍성하다고 했습니다. 결국 풍성한 열매, 알이 꽉꽉 박혀 있는 이삭들이 다시 맺히는 세월을 돌려주신다는 뜻입니다. 그다음은 포도주인데, 포도주는 기쁨의 상징입니다. 포도주는 유대인의 결혼 잔치에 없어서는 안 되는 것입니다. 결혼 피로연에 포도주가 떨어졌다는 것은 기쁨이 끊어진 잔치라는 것입니다. 요한복음 2장은 결혼식장에 포도주가 떨어졌다고 했는데, 기쁨이 끊어진 인생들에게 기쁨을 회복하러 오신 예수 그리스도를 보여주는 사건입니다. 하나님은 우리에게 지극하고 지순한 기쁨을 주시겠다고 하십니다. 그다음은 무엇입니까? "에브라임의 말이 내가 다시 우상과 무슨 상관이 있으리요 할지라. 내가 그를 돌아보아 대답하기를 나는 푸른 잣나무 같으니"(8절). '푸른 잣나무'는 무한한 생명력을 의미합니다. 이 모든 것이 패역에서 돌아온, 자신들의 모든 과거의 잘못을 인정하고 돌아온 이스라엘 백성에게 주어진다는 것입니다.

누가 지혜가 있어 이런 일을 깨달으며 누가 총명이 있어 이런 일을 알겠느냐. 여호와의 도는 정직하니 의인은 그 길로 다니거니와 그러나 죄인은 그 길에 걸려 넘어지리라(9절).

성령이 깨닫게 하심

여기서 지혜는 위에서 내려오는 지혜입니다. 노력하여 정복하고 터득하는 지혜를 말하는 것이 아닙니다. 이런 지혜는 하나님이 우리에게 성령으로 말미암아 깨닫게 해주시는 지혜입니다. 박사학위 백 개를 가지고 있는 사람일지라도 하나님이 허락하지 않으시면 깨닫지 못하나, 불학무식한 사람일지라도 알게 하시면 깨닫는 그런 지혜입니다.

저의 이모부는 우리 가정의 오랜 전도를 받고도 믿지 않으셨습니다. 그러다가 폐암 말기 선고를 받았습니다. 운명 직전 동료 교역자 한 분을 모시고 가서 마지막으로 복음의 초대를 하려고 했습니다. 이모부께서는 굉장히 이지적이고 냉철한 분이셨습니다. 동료 교역자는 사실 늘 듣는 평범한 설교를 하였습니다. 그런데 갑자기 이모부께서 엉엉 우셨습니다. 별세의 순간을 목전에 두고 35년 가량 외면하던 진리를 깨달으셨습니다. 자청하여 세례를 받으셨으나, 혹시 죽음의 공포 때문에 이러신 것이 아닌가 싶어서 제가 귀에다가 대고 "이모부, 신앙고백하신 것 맞지요?" 하고 여쭈니까 "그래, 내가 하나님을 믿고 의지한다"고 하셨습니다. 이 땅에서 허락된 호흡이 거의 꺼져가고, 청각만 겨우 남아 있는 순간에 이모부께서는 확실한 신앙을 제게 확인해주고 떠나셨습니다.

이것이 지혜입니다. 사람이 하는 것이 아닙니다. 이것만 봐도 우리는 얼마나 복된 존재인지 모릅니다. 하나님과 그 분의 사랑을 아는 지혜는 돈을 주고 사는 것도, 배워서 깨닫는 것도 아닙니다. 그래서 우리는 하나님 앞에 헌신하지 않은 채 살면 안 됩니다. 오직 한 번뿐인 인생은 속히 지나갈 것이고, 하나님이 하시는 일만이 영원할 것입니다. 사랑은 이것을 깨닫는 것입니다.

예배자가 걷는 길

1. 하나님의 공의는 하나님의 무엇과 입맞춤하였습니까? 하나님의 징벌하시는, 깨진 형평을 맞추시는 공의 때문에 신앙을 거절하는 사람도 많습니다. 이런 사람들에게 공의를 어떻게 설명하겠습니까?
2. 성경은 인간이 죄를 지어서가 아니라, 죄인이기에 죄를 짓는다는 진단을 내놓습니다. 그리고 죄의 본질은 하나님을 떠나 인간 스스로가 자신이 하나님이 됨이라고 규정합니다. 나는 이 정의에 동의할 수 있습니까?
3. 죄에 대한 세상의 정의는 무엇입니까? 사람들은 죄를 어떤 시각에서 보며, 어떻게 죄를 다스리고, 그 맹점은 무엇입니까?
4. "찬송을 본다"는 말의 의미는 무엇입니까? 왜 찬송이 보이도록 하는 것이 중요한가요?
5. 하나님은 이스라엘에게 "이슬 같은 사랑"을 약속하셨습니다. 이 말씀은 내게 어떻게 다가옵니까? 왜 사랑이 이슬에 비견되고 있습니까?

예배자가 읽는 책

마지막 장에 이르렀습니다. 우리가 호세아서 한 권을 잘 이해하는 것도 좋지만, 구약성경 전체에 관한 좋은 아웃라인을 구축해야 할 필요가 있습니다. 그래야 묵상과 적용에서 치우침이 없을 것입니다. 그런 의미에서 월터 카이저Walter Kaiser, 브루스 월키Bruce Waltke, 마크 드리스콜Mark Driscoll, 그레이엄 골즈워디Graham Goldsworthy와 같은 학자들의 글을 부지런히 읽을 것을 권합니다. 특히 골즈워디의 3부작이라 할 수 있는 《복음과 하나님의 나라》, 《복음과 하나님의 지혜》, 《복음과 요한계시록》 등이 저자들의 대표작이라 할 수 있습니다.

나가는 말

하나님 사랑의 메신저로 거듭나기

로드 매튠Rod Mattoon은 《호세아서에서 발견한 소중한 교훈*Treasures from Hosea*》에서 호세아의 시대를 다섯 가지로 규정했습니다.

1. 하나님에 관한 거짓 신학과 무지가 판을 치던 시대(4:1)
2. 간통, 폭력 혹은 피흘림과 강포가 만연한 시대(4:2; 4:12-14)
3. 억지를 부리고 사기를 치는 백성들이 나대던 시대(12:7)
4. 정의가 바닥에 떨어져 짓밟히던 시대(10:4)
5. 경제적 융성이 모든 것이 된 시대(4:10-11; 7:5)

우리는 호세아가 살았던 시대와 한 치도 다르지 않게 똑같은 모습을 하고 있는지도 모릅니다. 우리는 사람의 생명과 인격조차도 값으로 매기는 일에 아주 익숙해졌습니다.

장기도 사고팔고, 빚진만큼 폭력을 휘두르고, 정조와 인정도 계량기 위에 올려놓고 생각하는 시대를 오래 전부터 살고 있습니다. 《정의란 무엇인가》가 엄청나게 팔리고, 저자의 한국 특강에 구름떼처럼 방청객들이 운집하였다지요. 하지만 그런 일들로 정의의 이름으로 더 '주장'할 수 있는 것이 무엇인가를 영악하게 알아내는 일에는 한결 능숙해졌는지 모르나, 우리 사회는 누구에게 물어도 더 정의로워진 것 같지가 않습니다. 심지어 국가도 '편한 것', '잘 살면 무조건 다'라는 식의 정책을 펼치는 것이 아닌가 하는 우려가 들 때가 한두 번이 아닙니다.

인터넷을 보십시오. 섬뜩합니다. 교양과 시민정신은 오래 전에 실종됐습니다. 막말, 쌍소리, 비아냥, 저주와 욕설이 난무합니다. 한마디로 억지를 부립니다. 이웃나라를 지목하면 '짝퉁' 왕국이라 하며 경멸과 조소를 날리지만, 만들어내는 짝퉁의 기술 수준이 좀 더 우위요 고급일 뿐 일류 백화점들에서도 원산지를 속이고 유통기한을 어물쩍 넘기고, 심지어는 명품 매장에서도 짝퉁을 내밀며 진품을 빼돌려 파는 일도 있다니 기가 찰 노릇입니다.

고전적인 미디어론에 의하면 "미디어 생산물은 현실을

반영"합니다. 그러나 우리나라에서는 이 명제가 통하지 않는 것 같습니다. 현실의 폭력 수준이 이미 미디어의 그것을 능가해버렸기 때문입니다. 이렇게 가다간 중학생이 동네 초등생을 살해하여 신체 일부를 학교 교문에 걸어놓으며 "나 잡아봐라"고 한 이웃나라처럼 되는 것 아닌가 심히 우려됩니다. 느와르적인 요소만 넣으면 평균 이상은 하는 조폭 영화는 아예 귀여울 지경입니다. 배우자의 부정으로 인한 이혼율, 풍속 산업 종사자 비율, 마약 상용자의 숫자가 지속적으로 상승합니다.

왜 이런 일이 벌어지고 있을까요? 누구는 이런 해석을 기독교 중심의 시대착오, 혹은 신정일치 향수병에 걸린 개독의 울렁증이라고 맹렬히 비난할지도 모릅니다. 하지만 호세아 시대와 우리 시대가 마치 레플리카처럼 맞아떨어지는 것은, 바로 "하나님에 관한 거짓 신학과 무지" 때문이라고 단정합니다. 지평선을 일반 사회로 넓힐 이유조차 없습니다. 교회와 우리 신자 들만 봐도 충분합니다. 고든 피 Gordon Fee가 *The Disease of the Health and Wealth Gospel*에서 통렬하게 지적한 것처럼 우리가 아주 교묘하게도 하나님에 관한 거짓 신학과 무지를 조장하고 이런 상태에서 신자들을 행동으로 내몬 탓이 큽니다.

이렇게 말하고 있는 저부터 비판을 면할 길이 없습니다. 우리나라 복음주의 교회들의 정신적 자산인 손봉호 교수는 바닷물 1킬로그램에 약 35그램의 염류가 들어가 있고, 저렇게 짠 맛을 내는데, 인구의 10퍼센트를 육박한다는 기독교인의 존재에도 불구하고 사회가 각박하고 폭력적이며 음행과 거짓이 난무하는 것은 기독교의 책임이라 해도 과언이 아니라고 주장했습니다. 맞습니다. 우리, 특히 나와 같은 말씀 봉사자들의 탓입니다.

그러나 너무나 역설적으로 하나님은 이 시대에 여호수아 혹은 예수와 같은 의미를 지닌 이름의 선지자 호세아를 내세우셔서 이런 메시지를 전하십니다. 죄악으로 뒤덮인 삶을 처리해주시되, 긍휼과 자비를 드러내셨습니다. 또한 여기서 끝나는 것이 아니라 죄에서 돌이킨 후 새로운 출발을 격려하시며 함께 해주신다는 것입니다.

할렐루야! 이것이 사랑입니다. 한 번도 깨어지지 않은 사람은 없습니다. 현대 용접술은 한 번 깨진 것을 붙여놓은 것이 더 튼실하다고 합니다. 호세아에 나타난 하나님의 사랑이 이러합니다. 깨졌지만 다시 붙여주신다는 것입니다.

깨진 것을 다시 붙이시면서 하나님이 아파하시고 안타까워하신 마음을 아는 것, 이것이 신앙의 요체고 푯대입니다.

호세아의 개인사가 그랬듯이 우리의 개인적인 삶, 학업, 직장생활, 결혼, 가정, 일상이 나도 모르는 사이에 다른 사람들 그리고 이웃들에게 메시지를 실어나르는 활차滑車가 될 수 있습니다. 아니, 반드시 그렇게 되어야 합니다. 이 책을 통해서 단 한 사람의 독자라도 하나님 사랑의 활차가 되길 바랍니다.